# Ein Wort vorweg

Was ist der Anspruch, den die Leserinnen und Leser an ein Buch stellen? Ja. Es soll unterhalten. Und, na klar: Es soll spannend sein. Und ebenso wünscht sich die Leserschaft, dass es umfassend informiert und – wenn möglich – sogar den Horizont ein wenig weitet. Wie dem auch immer sei: Bei allem Vorwissen über die Insel Norderney ist dieses Buch für uns selbst zum Lernkapitel geworden. Die Recherche über die 111 Orte auf diesen gerade mal 26,3 Quadratkilometern hat uns jedenfalls ein gutes Stück klüger gemacht; dabei dachten wir vorher, wir wüssten (fast) alles. Denkste! Wir haben beispielsweise gelernt, wie eine früher vorwiegend vom Fischfang lebende Insel innerhalb weniger Jahrzehnte zu einer Top-Urlaubsadresse aufgestiegen ist und dabei mit etwas äußerst Wichtigem aufwartet, nämlich dem Bewusstsein, dass sie ein Ort der Gegensätze ist. Denn Norderney, das ist im Westen der urbane Teil mit Shoppingmeile, Hotels, Kulturgütern, Gaststätten, Bars und dem daraus resultierenden Nachtleben. Und dann der Osten: das wohltuende Schweigen unverbrauchter Natur, die bizarren Graudünenketten, die berauschende Einsamkeit eines fragilen Lebensraumes.

Für dieses Buch haben wir versucht, jenseits bekannter Pfade Orte zu finden, die Spannung in sich bergen und einen Besuch wert sind. Wir haben aber auch an Orte gedacht, die zwar in aller Munde sind, deren Geschichte aber unerwartet spannend ist oder deren Umfeld Überraschungen verbirgt. Um das zu bewerkstelligen, reichte die vorliegende Literatur oft nicht aus. Deshalb allen, die mit Rat und Tat zur Seite standen, ein aufrichtiges Dankeschön, besonders Stadtarchivar Manfred Bätje.

Wo auch immer Sie sich gerade befinden und dieses Buch in Händen halten: Wir wünschen Ihnen eine spannende Zeit und eine anregende Lektüre, die zum Besuch des einen oder anderen unserer 111 Orte anspornt.

*Manfred und Lena Reuter*

# 111 Orte

# 1 Die alte Meierei

*Tradition trifft Tourismus*

Tradition trifft Fortschritt. Das gilt nicht nur für das Handwerk, sondern auch in allen touristischen Belangen: So ist auch die alte Meierei, die kultige Gaststätte an der Lippestraße, ein beliebter Anlaufpunkt für Einheimische und Inselgäste. Nach einer umfassenden Sanierung kommt die Meierei mit einem neuen Gastronomiekonzept um die Ecke, wobei an den Wurzeln des Betriebes, der alten Molkerei, festgehalten wird. Dazu wurde das Gebäude am Rand der Nordhelmsiedlung entkernt und bis auf die Grundmauern freigelegt. »Denkmalgerecht, aber modern« lautet die Devise der Kurverwaltung, die über das Traditionsobjekt das Sagen hat. Überhaupt: Die Inselmeierei gehört zu den größeren Objekten der Kurverwaltung: Allein der Gastraum misst 170 Quadratmeter, der Saal 150 Quadratmeter und die Terrasse 130 Quadratmeter.

Fast jede Ostfriesische Insel hat ihre Meierei. Genau wie auf den Nachbarinseln Langeoog und Juist war die Meierei auf Norderney früher weit weg vom Zentrum, mittlerweile markiert sie die Bebauungsgrenze an der Lippestraße, also praktisch die Trennlinie von Inselwesten und Inselosten. Die Siedlung hat sich sozusagen an die Meierei herangepirscht. Zu den Kernaufgaben einer Meierei gehört die Herstellung von Milchgerichten und Milchprodukten aller Art. Die Meierei war besonders während der Kriege für die Norderneyer Bevölkerung von großer Bedeutung. Vor allem im Winter, wenn bei Eisgang tagelang kein Reedereischiff mehr die Insel erreichen konnte, war für die Kleinkinder trotzdem immer frische Milch vorrätig. Die umliegenden Wiesen und Weiden wurden der Meierei zugeordnet und erlaubten dem Meiereibauer, bis zu 45 Milchkühe zu halten und eine Jahresmenge von mehr als 400.000 Liter Milch zu erzeugen. Die nicht beweideten Flächen wurden als Wiesen genutzt und lieferten das Heu für die Kühe im Winter.

**Adresse** Lippestraße 24, 26548 Norderney | **ÖPNV** Linie 3, Haltestelle Meierei | **Tipp**
In unmittelbarer Nähe befindet sich die Reitschule Junkmann. Dort können unter anderem
geführte Strandritte gebucht werden, Tel. 04932/92410.

# 2 Der Anker

*Aussicht und Erinnerung auf der Georgshöhe*

Zum Gedenken an die Norderneyer Seeleute, die auf dem Meer ihr Leben ließen, wurde er im Jahr 2004 aufgestellt: der Stockanker auf der Georgshöhe. Diese Ankerform ist der Klassiker unter den Ankern. Das hier gezeigte Exemplar wurde 1974 vor Den Helder in den Niederlanden geborgen und damals auf ein Alter von etwa 350 Jahren geschätzt, das heißt, es stammt aus der Zeit der Hanse. Der historische Anker soll an die vielen Fischer erinnern, deren Boote in Stürmen auf der Nordsee kenterten, die in die Fänge von Piraten gerieten oder aus anderen Gründen nicht auf ihre Heimatinsel zurückkehrten.

In etwa 20 Meter Höhe thront der Stockanker auf der Aussichtsplattform auf der Georgshöhe, so wie damals der königliche Namensgeber der Düne am Nordstrand, Georg V. von Hannover. Dieser hatte Norderney mit Amtsantritt 1851 zu seiner Sommerresidenz ernannt.

Der Standort des Ankers wurde nicht zufällig gewählt, denn die Georgshöhe hatte schon immer Bezug zur Seefahrt: Zunächst diente sie als Signalstation für die Seeleute, die vor Sturm warnte, dann wurde sie im Zweiten Weltkrieg als Marinesignalstelle genutzt. Auch abgesehen von der Bedeutung für die Schifffahrt hat die Georgshöhe schon einiges gesehen: In die Aussichtsdüne wurde Ende des 19. Jahrhunderts ein Druckwasserbehälter für die Wasserversorgung der Insel eingebaut. Er hat zwar durch den späteren Einsatz des Wasserturms keine Funktion mehr, befindet sich aber bis heute im Inneren der Georgshöhe. Von 1947 bis 1981 betrieb der Deutsche Wetterdienst eine Wetterwarte (siehe Ort 109) auf der Düne, diese wurde dann durch einen Neubau östlich der Georgshöhe ersetzt.

Beim Blick auf das weite Meer und in Anwesenheit des mächtigen Ankers schwelgen wohl so manche in Gedanken an das Schicksal der tapferen Seeleute und das manchmal gar nicht so romantische Seefahrerleben. Und genau das ist die Absicht des Ankers auf der Georgshöhe.

**Adresse** Am Januskopf, 26548 Norderney | **ÖPNV** Linie 1, Haltestelle Georgshöhe | **Tipp** Wer die Aussicht genossen hat und eine Pause einlegen möchte, der kann gleich nebenan im »N'eys«, dem Restaurant des Strandhotels Georgshöhe, einkehren. Es wird mit 13 Punkten im Gault-Millau geführt.

# 3_ Die Arche Noah

*Wo nicht nur Tiere ein Zuhause finden*

Eine lebensgroße Puppe mit blonder Perücke steht in einer alten roten Telefonzelle. Eine mit Moos bewachsene Wildschwein-Plastikfigur liegt mit abgebrochenem Hinterbein im Gras, umgeben von einer Horde bunt bemalter Gartenzwerge. Zwischen einem ausgestopften Fuchs, goldenen Winkekatzen und der Porzellanfigur von zwei Nackten in einer Badewanne putzt sich eine Gans das Gefieder. Zwei Truthähne trotten gemächlich in Richtung des kleinen Teiches, auf dem ein paar Enten schwimmen. Der Wildwuchsgarten, umgeben von einem mannshohen Gitterzaun, wirkt auf den ersten Blick skurril.

Was aber hinter der »Arche Noah« steckt, ist die Geschichte von beeindruckender Tierliebe. Alles begann vor über 20 Jahren mit drei Hühnern, die Harald Hoffmann auf dem Stück Wiese unweit seines Wohnhauses laufen ließ. Mit der Zeit wurden bei Hoffmann immer mehr Tiere abgegeben. Kaninchen, Meerschweinchen, Gänse, Flugenten … Zum Teil landeten die Kleintiere ungefragt im Garten, sie wurden einfach ausgesetzt. Hoffmann nahm sie alle auf. Und nicht nur das: Er besorgte für jedes Tier auf dem Festland das passende Gegenstück. »Keiner soll allein sein!«, sagt der Tierfreund. So kam der Garten im Inselosten bald zu seinem Namen: »Arche Noah«. Sogar zwei Emus hat Hoffmann hier schon aufgezogen. »Teilweise wurden Tiere ins Gehege gesetzt, die ich gar nicht kannte«, erzählt er. Hoffmann ist nicht nur tierlieb, sondern auch leidenschaftlicher Sammler. Dabei hat jedes einzelne Teil im Garten seine eigene Geschichte und eine besondere Bedeutung für ihn. Die Puppe in der Telefonzelle beispielsweise hat er vor einigen Jahren vor der Recyclingstation gerettet und neu eingekleidet. Obwohl Hoffmann keine Gartenzwerge mag, rettet er auch sie vor einem Schicksal im Müll. Auf der Insel kennt man sein großes Herz. Mittlerweile werden nicht nur Tiere, sondern auch Zwerge und Puppen in der »Arche Noah« ausgesetzt.

**Adresse** Bürgermeister-Willi-Lührs-Straße, schräg gegenüber dem Kap, 26548 Norderney | **ÖPNV** Linie 3, Haltestelle Bürgermeister-Willi-Lührs-Straße | **Tipp** Wer mit Kindern oder Jugendlichen unterwegs ist, sollte von hier auch noch einen Abstecher zum Kinder- und Jugendspielpark »Kap Hoorn« (Marienstraße) machen.

# 4_ Das Argonnerwäldchen
*Idyllisches Gehölz mit unbehaglicher Geschichte*

»Argonnerwald, um Mitternacht, / ein Pionier stand auf der Wacht«. Ja, in der Tat. Das hört sich nicht gerade nach Sommer, Sonne, Sonnenschein an. Diese Zeilen sind der Anfang eines Soldatenliedes aus dem Ersten Weltkrieg und erinnern an nichts anderes als an blutige Kämpfe.

Einen Argonnerwald gibt es auch auf der Ferieninsel Norderney. Es handelt sich dabei um ein kleines Gehölz unweit des Westbadestrandes. Das Wäldchen wurde seinerzeit von auf Norderney stationierten Soldaten nach dem berühmten bewaldeten Höhenzug nordwestlich von Verdun/Frankreich benannt.

Das Norderneyer Argonnerwäldchen war zwischen 1914 und 1918 tatsächlich Teil der insularen Verteidigungsanlagen, die während des Ersten Weltkriegs am Weststrand entstanden. Dazu gehörten Schützengräben, die zur Verteidigung gegen eine befürchtete Invasion durch die englische Kriegsflotte ausgehoben wurden. Die Insel schützen sollte zudem der »Russenzaun«, ein Drahtverhau, der von Pionieren zwischen Weststrand und Hafen gebaut wurde. Die Verteidigungslinie wurde von den Norderneyer Landsturmmännern des Außenpostens »Kabelhaus« im Argonnerwäldchen bewacht. Sie hielten Ausschau nach feindlichen Kriegsschiffen. Später dann konnten die Insulaner aufatmen: Eine Invasion durch englische Truppen fand nie statt.

Am »Kabelhaus« kam übrigens das Seekabel an. Es wurde für die Übermittlung von Nachrichten zum Festland genutzt. Das Gebäude wurde nach dem Krieg zum Kindergarten ausgebaut und später abgerissen.

Längst ist das Argonnerwäldchen ein ausgesprochen friedlicher Ort. Es beherbergt unter anderem das beliebte Fischerhausmuseum (siehe Ort 23) und die »Hochtiedsstuuv«, ein idyllisches Häuschen, in dem Brautpaare heiraten und ihre erste Nacht verbringen dürfen.

**Adresse** Argonnerwäldchen, Weststrandstraße, 26548 Norderney | **ÖPNV** Linie 1, Haltestelle Weststrandstraße | **Tipp** Vom Argonnerwäldchen sind es nur wenige hundert Meter bis zum Weststrand. Dort gibt es abwechslungsreiche Spielmöglichkeiten für Kinder.

# 5__Die Arkaden

*Ideenschmiede und Verwaltungszentrale*
*im Bazargebäude*

Baden, erholen, einkaufen; und dies in einem Umfeld, das sich von den Mitbewerbern möglichst positiv abhebt. Denn auch die Norderneyer wissen längst: Die Konkurrenz schläft nicht. So sind die Begriffe Nordseeheilbad und Wirtschaftsstandort auch auf Norderney eng miteinander verknüpft. Schon früh erkannten die Insulaner, dass sie ihr Heil auf weite Sicht mehr im massiv wachsenden Beherbergungsgewerbe als im ebenso beschwerlichen wie gefahrvollen Fischfang zu suchen hatten.

Ein eindrucksvoller Zeuge dieser Wende in Richtung Qualitätstourismus ist das Bazargebäude. Mit seinem weithin sichtbaren Arkadengang ist es ein wesentlicher Bestandteil des Kurplatzes und korrespondiert architektonisch fein abgestimmt mit Conversationshaus und Badehaus. Wo seit etlichen Jahren Staatsbad und Stadtverwaltung residieren, standen im 18. Jahrhundert während der Badesaison noch die Verkaufsbuden festländischer Händler. Diese hatten den mühsamen Weg auf die Insel gern auf sich genommen, denn sie wussten: Die Klientel auf der Insel ist gut gelaunt und gerade deshalb auch entsprechend freigiebig.

Das erste »richtige« Bazargebäude entstand übrigens im Jahr 1858, und zwar »theils zur Aufnahme von Kaufläden, theils zur Beherbergung von Fremden«, wie die Chronisten übermitteln. 1880 wurde das – mit heutigen Ansprüchen verglichen – primitive Gebäude abgerissen und durch einen Neubau ersetzt. Eine weitere Umgestaltung erfolgte 1930. Seit 2006 dient das denkmalgeschützte Gebäude nicht nur als Rathaus der Inselkommune, sondern auch als Standort und damit Ideenschmiede und Marketingzentrale der Kurdirektion.

Der Arkadengang ist unterdessen nach wie vor Anziehungspunkt für Touristen und Einheimische – nicht nur zum Pausieren auf einer Ruhebank, sondern insbesondere dann, wenn der Ort zum Besuch des Adventsmarkts oder zur beliebten Versteigerung von Fundsachen einlädt.

**Adresse** Kurplatz 3, 26548 Norderney | **ÖPNV** Linie 1, Haltestelle Kurplatz | **Öffnungszeiten** Mo–Fr 8.30–12.30 Uhr, Do zusätzlich bis 16 Uhr | **Tipp** Nur wenige Meter vom Bazargebäude entfernt und in Sichtweite befindet sich das Conversationshaus mit Tourist-Info. Dort befindet sich auch das Café und Restaurant Kurpalais.

# 6__Atelier Art&Bar

*Zu Gast bei Freunden*

»Wenn du ein Terrorist, ein Rassist oder einfach nur ein Arschloch bist, wirst du hier nicht bedient.« Klare Ansage. Das Schild am Eingang der Bar lässt keine Fragen offen. Doch, eine: Was erwartet diejenigen, die nicht zu den genannten Gruppen gehören? Die Antwort: coole Musik, leckere Getränke, eine Menge Kultur und Freunde hinter der Theke. Das »Atelier Art&Bar« ist ein Lokal im Kurtheater, das sich als Kultstätte und Ort der Kommunikation versteht.

Der Geschäftsführer der Bar, Soufian Chaoui, stammt aus Nordrhein-Westfalen und kam ursprünglich als Saisonkraft nach Norderney. Im Jahr 2014 eröffnete er das »Atelier Art&Bar«, das Soufian als sein Wohnzimmer, Labor, seine Spielwiese und Werkstatt bezeichnet. Er sieht sich als Hybrid, ist mit verschieden Kulturen aufgewachsen. »Wir freuen uns über jeden Gast, der uns seine Sichtweise des Lebens, seine Werte und Normen, seine Sprache und Kultur näherbringt«, erzählt der Gastronom. Das »Atelier Art&Bar« soll ein kleiner Beitrag zur Völkerverständigung sein.

Soufian liebt Kunst und Kultur in jeglicher Form. Deswegen möchte er jungen, oft noch unbekannten Künstlern, von Poetry-Slam bis Musik-Act, eine Plattform geben. Der Name »Atelier Art&Bar« soll dabei eine Verbindung zwischen Kunst, Atmosphäre und Veranstaltungen schaffen. Das »Atelier Art&Bar« stellt sich außerdem als Pop-up-Store zur Verfügung und bietet jungen Designern und Unternehmern eine Plattform. Wie zum Beispiel »Salzwasser«, einer Gruppe junger Surfer, die lokal und nachhaltig produzierte Kleidung kreiert und mit dem Erlös Projekte rund um den Schutz der Meere unterstützt.

Eher außergewöhnlich: Die Bar von Soufian Chaoui bietet keine Speisen an, erlaubt es den Gästen aber, ihr eigenes Essen mitzubringen. Dazu werden Teller und Besteck zur Verfügung gestellt. Bedingung ist nur, dass kein Verpackungsmaterial auf den Tischen liegen bleibt.

**Adresse** Am Kurtheater 2, 26548 Norderney | **ÖPNV** Linie 1, Haltestelle Kurplatz | **Öffnungszeiten** Di–So 18–1 Uhr | **Tipp** Im Kurtheater befindet sich auch das Norderneyer Kino. Die Angebote lassen sich also bequem miteinander verbinden.

# 7__ Das Atelier in der Schmiede

*Kreativität trifft Natur*

Kunst, Grafik und Design gibt es im klassisch-robusten Ambiente der ehemaligen Inselschmiede. Bis 1990 krachte dort noch der Hammer scheinbar unermüdlich auf Eisen, Stahl und Amboss. Seitdem geht man mit deutlich feinerer Hand zu Werke. In dem Atelier in der Langestraße entstehen nämlich moderne Kunst sowie hochkarätige Grafik- und Designerarbeiten. Bei der Auswahl der Materialien sind Heidi und Claus-Ulrich Ipsen ebenso kreativ wie geerdet: Am liebsten verwenden sie Materialien direkt von der Insel – Sand, Muschelstücke, Treibholz. Kenner des Ateliers – und davon gibt es mittlerweile sehr viele – wissen nicht nur die Verarbeitung zu schätzen, sondern auch das sichere Gespür der Künstler, echte Hingucker zu schaffen.

Allein die außergewöhnlichen Räume der zum Atelier gewordenen Schmiede sind einen Besuch wert. Geschickt integriert präsentiert sich den Gästen zum Beispiel die alte Esse, der Rauchfangtrichter der Schmiede über der ehemaligen Feuerstelle. Eine große Glasfront wirft helles Licht in die Werkräume. Claus-Ulrich Ipsen bezeichnet seine Arbeiten gern als »Landschaftsmalerei mit anderen Mitteln«. Tatsächlich spiegeln sie die Natur der Landschaft an der Nordsee auf unwiderstehliche Weise wider. Die Oberflächen der Arbeiten wirken oft wie salzverkrustet, spröde, rau. »Ich kann nur von dem berichten, was ich kenne und sehe. Und das sind einfache Strukturen und Flächen. Horizont, Wasser, Land«, sagt er. Was man in der Schmiede so gar nicht mag: aufgesetztes Interpretieren und Beschreiben. Auch das macht das Künstler-Duo so sympathisch.

Am neuen Norderneyer Nationalpark-Haus »Watt Welten« haben die Ipsens einen weiteren echten Blickfang geschaffen: Die von ihnen gestaltete Robbe am Eingang ist ein Geschenk des Staatsbads Norderney zur Eröffnung der Weltnaturerbe-Einrichtung im Jahr 2015.

**Adresse** Langestraße 30, 26548 Norderney | **ÖPNV** Linie 1, Haltestelle Winterstraße | **Öffnungszeiten** Mo–Fr 9–12 und 15–18 Uhr, Sa 9–12 Uhr, So und feiertags geschlossen, Sonderführung nach Vereinbarung unter Tel. 04932/81932 | **Tipp** Wer auf einem kleinen Kunsttrip ist, der gelangt zu Fuß oder mit dem Rad rasch zum Kurplatz. Dort kann man unter anderem die bunte Robbe vor dem Badehaus besichtigen.

# 8 _ Der Bahnhof Stelldichein

*Romanze mit knallharter Geschichte*

Warum nicht mal an einem Bahnhof? Sicher nicht von ungefähr haben die Norderneyer dem früheren Festungsschirrhof der Militäreisenbahn den wohlklingenden Namen Bahnhof Stelldichein verpasst. So manches frisch verliebte Paar soll sich dort zwecks näheren Kennenlernens getroffen und so einige äußerst romantische Stunden erlebt haben.

Aber Achtung! Die Geschichte des Bahnhofs Stelldichein liest sich deutlich anders als die eines prickelnden Liebesspiels auf einer idyllischen Nordseeinsel: Nach Ausbruch des Ersten Weltkriegs wurde 1914 die komplette Insel zu einer Seefestung ausgebaut. Zum Bau von militärischen Anlagen und Bunkern musste deshalb zunächst tonnenweise Material in die Dünen transportiert werden. Aus diesem Grund ordnete die Kaiserliche Marineleitung ein Jahr später den Bau einer Inselbahn an. Sie wurde unter anderem genutzt, um Waffen und Munition in die Schießanlagen zu transportieren.

Unter nationalsozialistischer Herrschaft wurde die Inselbahn dann sogar noch ausgebaut. Das galt auch für den Festungsschirrhof, der den Nazis zur Erweiterung der Rüstungsanlagen in die Karten spielte. Nach Kriegsende im Jahr 1945 diente die Bahnanlage dann allerdings vorrangig dem Abtransport der Militäranlagen, die mittlerweile errichtet worden waren.

Dann endlich wurden die Zeiten friedlich: 1947 schmiedeten die Insulaner zunächst Pläne zum Betrieb einer Straßenbahn. Allerdings waren Gemeinde und Kurverwaltung nicht an einer Übernahme der Gleisanlagen interessiert. So wurden die meisten Schienen und Fahrzeuge kurzerhand zum Festland transportiert, während die Norderneyer die Bahnschwellen zu Hause im Ofen verfeuerten. Also blieb von der Militäreisenbahn nur der 1917 gebaute Bahnhof Stelldichein. Inwieweit er noch heute seinem romantischen Namen Ehre macht, ist nicht überliefert, vielleicht aber einen Versuch wert.

**Adresse** Ecke Richthofenstraße/Birkenweg, 26548 Norderney | **ÖPNV** Linie 4, Haltestelle Birkenweg | **Tipp** Ganz in der Nähe (Im Gewerbegelände 1) befindet sich ein kleiner Freizeitpark mit Minigolfanlage. Auch eine Gastronomie gibt es dort.

# 9__Die Bibliothek

*Lesetempel auf zwei Ebenen*

»Ich suche guten Lesestoff. Wo geht's denn hier zur Bibliothek?« Dies sind nicht selten gestellte Fragen auf einer enorm im Aufwind befindlichen Tourismusinsel, deren Klientel in weitesten Teilen ohnehin Wert auf hochkarätige Unterhaltung legt. Und in der Tat, manch einer wird überrascht sein. Denn mit einer schnöden Ausleihe im 08/15-Format hat der Lesetempel auf Norderney absolut nichts gemein. Die Lobeshymnen klingen klar und deutlich: Vom »Kleinod für Leseratten« bis hin zum »einmaligen Kulturerlebnis« reicht die Palette.

Die meisten Besucher staunen in der Tat nicht schlecht, wenn sie die Bibliothek im schicken Conversationshaus am Kurplatz betreten. Und etliche von ihnen ärgern sich, wenn sie diese Entdeckung erst kurz vor dem Ende ihres Urlaubs machen. Denn: Wenn die eigenen Bücher nicht reichen, gibt es hier zahlreiche Inspirationen und Alternativen. Das Repertoire reicht von Zeitschriften über Bücher bis hin zu Hörbüchern und DVDs. Romanklassiker, Regionales und Lokales sowie das Beste aus der deutschsprachigen Gegenwartsliteratur: Kaum ein Wunsch bleibt offen.

Diese Norderneyer Bibliothek ist damit nicht nur gut sortiert, sondern sie ist insbesondere von der Optik her ein Sahnestück. In dem zweistöckigen Raum sind die Regale aus edlem Holz bis unter die Decke prall mit Büchern gefüllt. Ein riesiger Kristallleuchter und ein Flügel verpassen dem Raum zudem ein ebenso nobles wie gediegenes Ambiente. Kein Wunder also, dass zahlreiche Künstler – Musiker wie Buchautoren – höchsten Wert darauf legen, hier ihr Kammerkonzert oder ihre Lesung zum Besten zu geben. Gut 100 Gäste fasst der Raum, der atmosphärisch für Akteure wie Besucher gleichermaßen das Nonplusultra darstellt. Ein Kaminzimmer als zusätzlicher Lesesaal mit der aktuellen lokalen und überregionalen Tagespresse gleich nebenan vervollständigt das Angebot.

**Adresse** Kurplatz 1, 26548 Norderney | **ÖPNV** Linie 1, Haltestelle Kurplatz | **Öffnungs-zeiten** Mo−Mi 10−13 und 14−17 Uhr, Do 10−14.30 Uhr, Fr 10−13 und 14−19 Uhr, Sa 10−13 und 14−17 Uhr | **Tipp** Vorab-Reservierungen für den Urlaub sind online mög-lich. Gegen Vorlage der NorderneyCard und ein geringes Entgelt kann man die Lektüre dann gleich mitnehmen.

# 10 Das »Bittersüss«

*Norderneys erste und einzige Kaffeerösterei*

Nicht nur beim Bier sind die Norderneyer stolze Produzenten einer Eigenmarke. Seit 2014 gibt es noch ein weiteres inseleigenes Genussprodukt: den Norderneyer Röstkaffee aus der Kaffeerösterei Bittersüss.

Die beiden Rösterei- und Cafébesitzer Stephan Freisleben und Matthias Schnatz kennen sich schon lange. Gemeinsam sind sie 2014 aus dem Rhein-Main-Gebiet nach Norderney gezogen. Auf ihrer Lieblingsinsel eröffneten die beiden, die aus dem kaufmännischen Bereich beziehungsweise aus dem Ingenieurwesen stammen, als Quereinsteiger die Kaffeerösterei Bittersüss in der Strandstraße. Nicht, ohne vorab eine Ausbildung zum Kaffeesommelier an der Kaffeeschule Hannover zu absolvieren. Aus der Leidenschaft für guten Kaffee und hochwertige Schokoladen wurde die Idee für das Projekt Bittersüss geboren. »Standardkaffee aus Vollautomaten und fertige Kuchen aus der Tiefkühlung, das war uns einfach zu wenig«, erklärt Stephan Freisleben.

Bei der Herstellung des Norderneyer Röstkaffees achten die Sommeliers besonders auf biologischen und nachhaltigen Anbau der Kaffeepflanzen und verwenden nur beste Rohkaffees aus Anbaugebieten in der ganzen Welt. Auch, dass die Kaffeepflücker, die auf den Plantagen bis zu einer Woche brauchen, um einen 60 bis 70 Kilogramm schweren Sack Rohkaffee zu ernten, fair entlohnt werden, ist den beiden wichtig.

Der Kaffeeröster, in dem der Norderneyer Kaffee schonend in einer Langzeit-Trommelröstung entsteht, hat einen Platz mitten im Café Bittersüss. Hier bieten die beiden Kaffeesommeliers täglich eine große Auswahl an röstfrischen Kaffees an, die nach Geschäftsschluss geröstet werden. So zum Beispiel die Röstkaffee-Mischung »He-Norderney« oder der original Norderneyer Espresso. Außerdem kann der Gast aus hausgebackenen Kuchen und Torten sowie über 40 verschiedenen Trüffel- und Pralinensorten und mehr als 100 verschiedenen Schokoladen wählen.

**Adresse** Strandstraße 7, 26548 Norderney | **ÖPNV** Linie 1, Haltestelle Kurplatz | **Öffnungszeiten** 15. März–28. Okt. Do–Di 10–18 Uhr, 29. Okt.–14. März Do–Di 11–17 Uhr | **Tipp** Für an Seemannsgeschichte Interessierte lohnt sich ein Besuch des alten Inselfriedhofs. Er befindet sich praktisch in Sichtweite neben der Inselkirche.

# 11 Das Blautal

*Dünental mit blauer Division und weißem Hirsch*

Dünen sind nicht nur in direkter Verbindung mit dem Meer, sondern auch in einer anderen Kombination durchaus reizvoll: Am östlichen Stadtrand Norderneys befindet sich ein Dünental, umgeben von einem Kiefernwald. Das Blautal im Ruppertsburger Wäldchen ist eine unberührte Dünenlandschaft, die zusammen mit dem seit dem 18. Jahrhundert künstlich angelegten Nadelwald eine ganz besondere Faszination ausübt. Spaziergängern kann im Blautal schon mal ein Reh oder ein Hirsch über den Weg laufen. In den 1960er Jahren setzten Jäger Damwild auf der Insel aus, das sich trotz des für es untypischen Lebensraumes seitdem im Inselosten, fernab von Wanderwegen und Lärm, wohlzufühlen scheint. Immer wieder für Aufsehen sorgt ein seltenes Hirsch-Exemplar, das auf der Nordseeinsel vertreten ist: Ein schneeweißes Tier streift mit seiner Herde durch das Blautal. Norderney ist bis heute die einzige Ostfriesische Insel mit einem Damwildbestand.

Das Blautal hat, wie viele andere Orte auf der Insel, eine militärisch geprägte Vergangenheit. Der von Wäldern umgebene, abgelegene Dünenabschnitt bot der zu Beginn des Ersten Weltkriegs gegründeten Jugendwehr beste Voraussetzungen als Übungsgelände. Nach einem Erlass des Reichskriegsministers wurden ab 1914 die älteren Schüler der Volks- und Mittelschule sowie die Lehrlinge der Norderneyer Betriebe in die freiwilligen Jugendwehren aufgenommen und von auf der Insel stationierten Soldaten der Marineartillerie und höheren Schullehrern ausgebildet. Die mit der »Hitlerjugend« im Nationalsozialismus vergleichbare Deutsche Jugendwehr trainierte im Blautal für ihre vormilitärische Ausbildung bei sogenannten »Kriegsspielen«. Dabei kämpfte alten Überlieferungen zufolge die »Blaue Division« der Jugendwehr gegen die »Rote Division«, wobei die »Blaue Division« fast immer gewann. So kam das Dünental im Osten der Insel zu seinem Namen: Blautal.

**Adresse** Blautal, 26548 Norderney | **ÖPNV** Linie 3, Haltestelle Birkenweg | **Tipp**
Einfach mal die Seite wechseln: Von Norden nach Süden ist es hier nicht weit. Auf dieser Höhe erreicht man den Südstrandpolder und kann vorzüglich Vögel beobachten.

# 12 Der Buddha

*Fernost im Inselosten*

Ein Buddha in den Dünen. Passt das? Passt, findet zumindest Matthias Möckel, Geschäftsführer des Restaurants »Weisse Düne« im Inselosten. Er war es, der die Buddhafigur mitten in den Dünen vor dem Lokal platzierte.

Möckel ist, entgegen anderslautender Gerüchte, kein Buddhist. »Ich ruhe zwar in mir und mag Lebewesen jeder Art, aber ich bin kein Buddhist«, stellt er lachend klar. Allerdings hatte er schon immer ein Faible für Fernost und daher die Idee, in dem kleinen Restaurantshop der »Weissen Düne« auch Buddhafiguren anzubieten. Eines Tages hatte eine von ihnen einen kleinen Riss am Kopf und war deshalb unverkäuflich. Und so stellte Möckel, nach eigenen Angaben zu sparsam, um die etwa 80 Zentimeter hohe Figur einfach wegzuwerfen, den Buddha auf dem Weg vor seinem Wohnhaus in der Nähe des Restaurants auf. Schon bald war der Buddha ein beliebtes Fotomotiv von Spaziergängern und Gästen der »Weissen Düne«, und zwar so begehrt, dass Möckel die Knipserei vor seinem Haus bald zu viel wurde und der Buddha kurzerhand in die Dünen umziehen musste. Dort stand er etwa sieben Jahre, bis er bei einem starken Sturm enthauptet wurde.

Der Buddha neben der »Weissen Düne« war mittlerweile zu einem Markenzeichen des Restaurants im Inselosten geworden und die Nachfrage nach dem Verbleib des Buddhas so groß, dass Möckel Ersatz suchte und fand: Der Buddha, der heute auf der Düne thront, ist aus Beton und 120 Kilogramm schwer. »Er ist gekommen, um zu bleiben«, sagt Möckel über seinen neuen »Langzeit-Buddha«. Mittlerweile gibt es eine Plattform aus Holz und ein Hinweisschild, damit Buddhafreunde auf der Jagd nach einem Foto nicht immer die Dünen betreten müssen.

Der Norderneyer Buddha ist mit der Zeit eine kleine Berühmtheit geworden. So ist die Figur aus Fernost mitten in den Nordseedünen sogar schon Thema eines Kinderbuchs gewesen. Ein Buddha in den Dünen. Passt.

**Adresse** Weiße Düne 1, 26548 Norderney | **ÖPNV** Linie 5, Haltestelle Weisse Düne | **Öffnungszeiten** Mo–So 11–21 Uhr | **Tipp** Wie wär's mit einer Runde Golf? Der Platz ist nicht weit entfernt, Info unter Tel. 04932/927156.

# 13 Die Buhnen

*Küstenschutz mit eher geringer Wirkung*

Die Natur ist von unbändiger Kraft. Jeder, der schon mal eine Sturmflut am Meer erlebt hat, weiß, dass er als Mensch nur ein unbedeutender Winzling ist im Vergleich zu wütenden Wellen, die sich meterhoch auftürmen und unbarmherzig und mit unvorstellbarer Wucht gegen die Küstendeckwerke schlagen. Wie alle Ostfriesischen Inseln ist auch Norderney den natürlichen Veränderungen unterworfen. Zwar ist die Technik fortgeschritten, dennoch gestaltet sich der Schutz der Insel nach wie vor schwierig, und vor allem: Er ist enorm kostspielig.

Ernsthafte Unterstützung im Kampf gegen die nagenden Wellen versprach man sich schon immer von dem Bau von Buhnen. Diese heute teils äußerst klobig aussehenden Reihen von Pfählen aus Holz, Stahl und Beton sollen bewirken, dass parallel zum Ufer verlaufende Wellen gebremst werden. Ziel: Die gefürchteten Sandabspülungen können so vermieden und ankommende Sedimente sogar gesammelt werden. Ein mühsames Unterfangen, zumal, wenn es sich um Buhnen handelt, die ihre beste Zeit hinter sich haben und an anderen Stellen durch neue ersetzt worden sind.

Für Norderney war der Schutz der Insel schon immer eine Lebensaufgabe. Etwa um 1800 erhob sich im Westen Norderneys noch ein breiter Dünengürtel, hinter dem sich die Häuser abducken konnten. Doch die Insel wanderte im Laufe der Jahre aufgrund der Gezeitenströmung nach Osten ab. Zwischen 1650 und 1960 verlängerte sich so der östliche Teil Norderneys aufgrund der stetigen Strömung um circa sechs Kilometer! Mit dem permanenten Gezeitensog, dem Strömungsverhalten und den regelmäßigen Sturmfluten kam es im Laufe des frühen 19. Jahrhunderts zudem zu einem hohen Sand- und Strandverlust am Westkopf sowie zum Abbruch von Randdünen. Ernsthafte Maßnahmen wurden mit dem Bau von schweren Deckwerken, Spundwänden, Steindämmen und Buhnen ergriffen. Letzte große Deckwerksarbeiten fanden am Januskopf statt.

**Adresse** Strandabschnitt Detmold, Höhe Lippestraße, 26548 Norderney | **ÖPNV** Linie 3, Haltestelle Lippestraße / Krankenhaus | **Tipp** Die Holzbuhnenreste dienen als beliebtes Fotomotiv. Gleichzeitig lohnt es sich, bei schönem Wetter hier einen ausgedehnten Badetag einzulegen.

# 14 Die bunte Kaimauer

*Kunst am Weststrand*

Sie sind ein echter Hingucker, vor denen so mancher Spaziergänger auch mal etwas länger stehen bleibt: die bemalten Kaimauern an der Weststrandpromenade. Detailgetreue Malereien von historischen Gebäuden der Insel verzieren die Mauern auf mehreren Metern am Strand entlang. Nur ein Beispiel: das »Haus Daheim«, heutiges Hotel »Georgshöhe«, und die Bremer Häuser.

Der Mann, der die tristen grauen Mauern an der Strandpromenade zu echten Kunstwerken werden ließ, heißt Wilfried Schlegel. Der gelernte Malermeister hat über 30 Jahre lang Bühnenbilder für die Feste des Förderkreises der Norderneyer Schulen gemalt und dabei festgestellt, dass er großflächig malen und Bilder von kleineren Vorlagen übertragen kann. »Nach Renteneintritt hatte ich dann Zeit und begann, mir eine Fläche zu suchen, an der ich mein Talent anwenden kann«, sagt Schlegel mit einem Augenzwinkern.

Die Verschönerung der Mauern am Weststrand war nicht Schlegels erstes Projekt dieser Art. Zwei Sommer verbrachte er 2006 und 2007 damit, die Norderneyer Hafenmauer zu bemalen. »Die kahle Mauer hat mich einfach gereizt«, sagt der Malermeister. Mit Zeichnungen historischer Schiffe und Leuchttürme fing er an, später standen auch moderne Schiffe Modell. Die bemalte Kaimauer wurde mit der Zeit so populär, dass mehrere Kapitäne und Segelbootbesitzer auf den Künstler zukamen und ihn darum baten, auch ihr Schiff auf der Hafenmauer zu verewigen. »Schon bald war kein Platz mehr auf der Mauer«, erzählt Wilfried Schlegel. Auch im Kinderspielhaus »Kap Hoorn« in der Mühlenstraße hat Schlegel die Pinsel geschwungen: Die bunten Tiermotive an den Hallenwänden stammen aus seiner Hand.

Die Kaimauern am Weststrand bemalte Wilfried Schlegel im Auftrag der Kurverwaltung. An einem Motiv hat der Künstler, der heute keine Aufträge mehr annimmt, je nach Schwierigkeitsgrad zwischen fünf und acht Stunden lang gearbeitet.

**Adresse** Westbadestrand, 26548 Norderney | **ÖPNV** Linie 1, Haltestelle Damenpfad | **Tipp** Logisch! Wem die Malereien von Wilfried Schlegel gefallen, für den lohnt es sich auch, den Weg zum Hafen auf sich zu nehmen und die dortigen Motive zu bewundern.

# 15 Die Bürgermeisterwiese

*Von Kirmesplatz bis Fußballfeld*

Nicht alle sind immer gut auf sie zu sprechen. Denn wenn es um die Frage geht, was mit ihr in den vergangenen Jahren schon so alles angestellt wurde, dann rümpfen nicht gerade wenige Insulaner zunächst einmal die Nase: Müllabladeplatz, Baustofflager, Parkfläche, wildes Camping (mit allem, was dazugehört) und sogar Hundetoilette. Ja, das und einiges mehr hat die Bürgermeisterwiese in der Vergangenheit über sich ergehen lassen müssen, und dennoch: Die positiven Seiten dieser Adresse an der Nahtstelle zum Inselosten überwiegen bei Weitem.

Wie vieles auf Norderney verdankt auch die Bürgermeisterwiese ihren Namen dem Volksmund. Die alten Insulaner berichten, dass es der ehemalige Bürgermeister und Landtagsabgeordnete Willi Lührs (1913–1974) war, nach dem dieser Platz ursprünglich benannt werden sollte. Dann aber habe der Inselrat entschieden, einer neuen Straße den Namen des mittlerweile verstorbenen Rathauschefs zu geben. Was für die Wiese blieb, war die Bezeichnung Bürgermeisterwiese; dann eben ohne Zusatz. Fakt ist: Kirmes und Jahrmarkt finden einmal jährlich in dem ehemaligen Dünengebiet unweit der Meierei statt. Die elftägige Veranstaltung ist für Einheimische und Gäste zu einem äußerst beliebten Treffpunkt im August geworden. Beliebt ist die Wiese auch deshalb, weil sie sehr dicht am Nordbadestrand gelegen ist und dadurch zu Fuß spielend erreicht werden kann. Und wenn dann noch das Wetter mitspielt, eignet sich der Platz hervorragend für ein kleines Fußballmatch.

2011 schlugen die Norderneyer übrigens zwei Fliegen mit einer Klappe: Den überschüssigen Sandaushub einer Großbaustelle benutzten sie, um die Bürgermeisterwiese kurzerhand um einen Meter anzuheben und sie damit endlich trockenzulegen. Seitdem können die Inselmarktbesucher das feuchtfröhliche Vergnügen also auch bei Regenwetter trockenen Fußes genießen.

**Adresse** Karl-Rieger-Weg, Ecke Lippestraße, 26548 Norderney | **ÖPNV** Linie 4, 5, Haltestelle Meierei | **Tipp** Wer mit dem Fahrrad unterwegs ist, der sollte die Gelegenheit nutzen, einen kleinen Abstecher Richtung Inselosten zu machen. Bis zum Leuchtturm sind es nur vier Kilometer.

# 16_ Das Cumberland-Denkmal

*Ein Geschenk an den König*

Ein Norderneyer Fischer zieht 1861 einen 16-jährigen Jungen am Herrenbadestrand aus dem Wasser und rettet ihn vor dem Ertrinken – und liefert den Anlass zur Errichtung des Cumberland-Denkmals. Klingt unglaublich, ist aber so: Bei dem Halbstarken handelt es sich nämlich um niemand Geringeren als den Kronprinzen Ernst August von Hannover, und Gerrelt Janssen, der während der Sommermonate als Badeknecht arbeitet, sorgt damit für den Erhalt der direkten Erbfolge des Königshauses.

Wie jedes Jahr verbrachte Ernst August, Sohn von König Georg V. von Hannover und Marie Alexandrine von Sachsen-Altenburg, mit seinen Eltern mehrere Wochen auf der Insel. Denn seitdem sich das Königspaar hier vor seiner Hochzeit näher kennengelernt hatte, war Norderney zu seiner Sommerresidenz geworden. Nach der Rettung des Königssohnes wurde Gerrelt Janssen nicht nur mit der Verdienstmedaille für Rettung aus Gefahr ausgezeichnet, sondern erhielt auch halbjährlich eine Geldzuwendung, die nach seinem Tod auf seinen Sohn überging und noch bis 1923 gezahlt wurde. Janssen ereilte bereits 1870 das Schicksal vieler Seeleute: Sein Boot kenterte in einem Orkan, und er ertrank in der stürmischen See.

Die Errichtung des Cumberland-Denkmals, eines Obelisken auf einem viereckigen Sockel, erlebte der Retter aber noch: Um dem König eine Freude zu bereiten, aber auch, um ihn an die Insel zu binden, wurde das Denkmal am fünften Jahrestag der Rettung des Thronfolgers 1866 eingeweiht. Der Name Cumberland stammt übrigens vom Titel »Herzog von Cumberland«, den König Georg V. und später auch Kronprinz Ernst August trugen. Der Gedenkstein wurde 1938 abgetragen, um ihn an anderer Stelle neu aufzustellen, wobei er jedoch zu Bruch ging. Erst 2002 wurde eine Nachbildung angefertigt und neben dem Bahnhof Stelldichein aufgestellt.

**Adresse** Richthofenstraße, Ecke Birkenweg, 26548 Norderney | **ÖPNV** Linie 4, Haltestelle Birkenweg | **Tipp** Eine kleine Pause können die Gäste im nahe liegenden Café am Meer (Lippestraße 9) einlegen. Es befindet sich direkt neben dem Insel-Krankenhaus.

Dem 10. August 1861,
dem Gnadentage für unser
angestammtes Königshaus
und unser Land.

# 17 Der Damenpfad

*Hotelmeile mit »zugeknöpfter« Vergangenheit*

Tradition und Fortschritt. An kaum einem anderen Ort auf Norderney sind diese Komponenten so deutlich spürbar wie im Damenpfad. Vom extravaganten Sterne-Tempel Seesteg (siehe Ort 43) über das lebensfrische, lässig-mondäne Konzepthotel Inselloft bis zum Traditionshaus Meeresburg hat sich in diesem nahezu legendären Straßenzug zumindest ein großer Teil der Crème de la Crème des Norderneyer Beherbergungsgewerbes etabliert. Qualitativ befinden sich die Betriebe mittlerweile auf höchstem Niveau, sowohl vom Komfort als auch vom architektonischen Anspruch her.

Dass der Damenpfad den Wandel der Zeit vollzogen hat, zeigt ein Blick in die Geschichte. Denn als die Insel Seebad wurde, war es mit der Weltläufigkeit noch nicht weit her. Baden nach Geschlechtern war die Devise, weshalb es heute noch sowohl einen Damen- als auch einen Herrenpfad gibt. Reiche Urlauber oder von Gicht geplagte Kurgäste wurden bis Ende des 18. Jahrhunderts nämlich noch in Badekarren ins Meer geschoben, um sich danach dem »Seewassergenuss« hinzugeben. Dass die Damen und Herren mit ihrer Badekleidung anno dazumal selbst dann noch extrem zugeknöpft unterwegs waren, ist allgemein überliefert und nötigt nach wie vor ein Schmunzeln ab. Der Landphysikus des Fürstentums Ostfriesland, Medizinalrat Dr. Friedrich Wilhelm von Halem, brachte die Sache seinerzeit so auf den Punkt: »Am Strande der Badegegend sind in gehöriger Entfernung zwei Stangen aufgerichtet, in deren Zwischenräumen sich niemand baden darf und woselbst die Buden für die Badekutschen stehen. Außer der Linie derselben nach Süden hin baden sich die Frauenzimmer, und der nach Norden die Mannspersonen. Diese Einrichtung ist des Abstands wegen erforderlich.«

Nun denn. Der Norderneyer Damenpfad kommt heute seinem Anspruch als mondäne Urlaubsadresse problemlos nach. Mit einem Unterschied: ohne Geschlechtertrennung.

**Adresse** Damenpfad, 26548 Norderney | **ÖPNV** Linie 1, Haltestelle Damenpfad Mitte | **Tipp** »Norderney, Gesundheit aus dem Meer. Die Wandlung des Fischerdorfes zum Nordseeheilbad«. Dies ist der Titel eines Buches zur Norderneyer Bädergeschichte des verstorbenen Stadtbaumeisters Jann Saathoff. Erhältlich ist es im regionalen Buchhandel.

# 18 __ Der Dünensender

*Das Ende einer Funkstation*

Die Insel Norderney hat eine beeindruckende militärische Geschichte. Aufgrund ihrer strategisch wichtigen Lage in der Nordsee wurde sie mehrfach zu Kriegszwecken genutzt. Dies begann bereits 1580, als Überlieferungen zufolge eine Wehrkirche zum Schutz der Norderneyer Bevölkerung vor plündernden Seeräubern errichtet wurde. Sowohl aus der Zeit der französischen Besatzung zu Beginn des 19. Jahrhunderts als auch aus dem Ersten Weltkrieg (1914–1918) findet man Relikte der Militärvergangenheit Norderneys. Die jüngsten Erinnerungen an Kriegszeiten sind die Bunkerreste aus dem Zweiten Weltkrieg (1939–1945) in den Dünen im Norden der Insel.

1934 begannen die Nationalsozialisten mit der Aufrüstung Norderneys für den bevorstehenden Zweiten Weltkrieg. An der Mühle und an der Meierei wurden Kasernen für die später auf Norderney stationierten Soldaten gebaut. Die Dünenkette am Nordstrand wurde festungsmäßig ausgebaut, es wurden mehrere Munitionsbunker, Horchposten und Flugabwehrstellungen errichtet. Daneben gab es einen Seefliegerhorst und diverse Flakbatterien. Dies erklärt sich durch die Tatsache, dass die Nordseeinsel in einer möglichen Einflugschneise feindlicher Bomber Richtung Emden und Wilhelmshaven lag.

In den Norddünen entstand der »Dünensender«. Dabei handelte es sich um eine große Funk- und Sendestation, die während des Krieges zur Kommunikation zwischen Kommandozentrale und den Soldaten eingesetzt werden sollte. Vom Dünensender, der nach Kriegsende im Mai von innen gesprengt wurde, sind noch große Betonbrocken in den Norddünen erhalten. In der Nähe finden sich weitere Bunkerruinen, die mittlerweile teilweise mit Graffiti verziert wurden. Nach der ehemaligen Funk- und Sendestation in den Dünen Norderneys sind eine Aussichtsplattform und die Jugendherberge »Dünensender« benannt.

**Adresse** Dünenkette in Höhe des auslaufenden Nordbadestrandes, 26548 Norderney | **ÖPNV** Linie 3, Haltestelle Nordbad | **Tipp** Wer gerade freitags in der Nähe ist, der könnte sich zum Schützenhaus am Karl-Rieger-Weg 1 begeben. Dort bietet der Norderneyer Schießsport-Verein für Gäste im Sommer um 20 Uhr die Gelegenheit zu Schießübungen, Info unter Tel. 04932/3413.

# 19__Das Dünental Cornelius

*Abenteuer und Gastlichkeit am Strand*

Das Strandcafé Cornelius war bereits zu Beginn des vergangenen Jahrhunderts eine bekannte Adresse am Norderneyer Nordstrand. Namensgeber war Lokalinhaber Henrikus Cornelius, der 1924 zudem eine Radio-Empfangsanlage installierte und dadurch das Radiozeitalter auf der Insel startete. Heute beeindrucken andere Dinge den Gast: Top-Gastronomie und perfekte touristische Infrastruktur.

In Richtung Osten erstreckt sich derweil das beliebte Dünental, das ebenfalls nach Henrikus Cornelius benannt wurde. Und dieser idyllisch gelegene Strandabschnitt hat eine durchaus bewegte Geschichte: Rund 300 Meter weiter östlich gab es bis 1916 das Café Wilhelmshöhe. Wegen eines fehlenden Schutzwalls gegen Sturmfluten hatte der Blanke Hans mit der gesamten Dünenkette damals kurzen Prozess gemacht – inklusive Café Wilhelmshöhe. Zuvor war aber schon mit dem Bau einer neuen Strandpromenade vom Januskopf aus begonnen worden. Gleich nach der Sturmflut von 1916 wurde dieses Küstenschutzwerk vom jetzigen Strandcafé Cornelius bis zum »Soldaten-Steindamm« (heute in der Höhe des Landjugendheims Detmold) erweitert.

Die Wilhelmshöhe wurde später nicht wieder aufgebaut. In der neuen Badehalle, die es seit 2013 gibt, wurden inzwischen alle wichtigen Einrichtungen unter einem Dach zentral gebündelt: der hochmoderne Sanitär- und Sanitätsbereich, die Strandversorgung und das SB-Restaurant inklusive Fischspezialitäten und Cocktailbar sowie die Strandaufsicht. Der Wintergarten mit dem erweiterten Liegebereich ist in sonnigen Mittagsstunden oder bei romantischen Sonnenuntergängen der perfekte Ort, um Nordsee pur zu erleben.

Das Dünental selbst wird bei Großveranstaltungen wie dem White Sands Festival ausnahmsweise zum Campen genutzt; auch wenn dies eigentlich nicht gern gesehen wird, weil dann öfter mal einige Benimmregeln außer Kraft gesetzt werden.

**Adresse** Strand-Restaurant Cornelius, Am Nordstrand 3, 26548 Norderney | **ÖPNV** Linie 3, Haltestelle Nordbad / Cornelius | **Öffnungszeiten** Restaurant Mo – So 9 – 22 Uhr | **Tipp** Wer eine kleine Dünensause machen möchte, der kann sich entlang des Strandes in Richtung Westen zu Fuß auf den Weg machen. Nach circa 15 Minuten erreicht der Gast die Kultlokale Riffkieker und Surfcafé.

# 20_Die ehemalige Synagoge
*Ein Haus der Erinnerung*

Vor dem Ersten Weltkrieg war etwa ein Drittel der Inselgäste jüdischen Glaubens, auch deswegen, weil Norderney als landesweit bekanntes Nordseebad hauptsächlich sehr wohlhabende Gäste anzog und dazu viele jüdische Unternehmer gehörten. Norderney galt damals als »reiches Judenbad«, dessen Kurgäste vor allem die liberale Einstellung Juden gegenüber schätzten. So zählten auch bekannte Persönlichkeiten wie Heinrich Heine (siehe Ort 38) und Franz Kafka zu den Besuchern. Viele andere Kurorte schlugen derweil bereits antisemitische Töne an. So heißt es beispielsweise im Wangerooger Judenlied: »Und tausendstimmig schallet unser Schrei: Der Jud' muss 'raus, er muss nach Norderney.«

1878 wurde wegen der großen Nachfrage besonders zur Kurzeit im Sommer in der Schmiedestraße die Synagoge erbaut. Bis dahin hatte man den privaten Betraum einer jüdischen Familie genutzt. Als Gründer des Gotteshauses gilt der Dozent Dr. David Rosin, der vor allem an der Beschaffung der finanziellen Mittel zum Bau der Synagoge beteiligt war.

Mit dem Aufkommen des Nationalsozialismus wurden Menschen jüdischen Glaubens auch auf Norderney verfolgt und vertrieben. Bis zu ihrem Verkauf im Jahr 1938 an einen »nicht jüdischen« Eisenwarenhändler stand die Synagoge leer und wurde dann als Lagerraum genutzt. Nur aus diesem Grund wurde sie von der Zerstörung in der Reichskristallnacht verschont. Trotzdem ist heute nur noch die Nordseite des Hauses in ihrem ursprünglichen Zustand, der Rest der Synagoge ist Umbaumaßnahmen zum Opfer gefallen.

Auch nach 1945 erlebte das Gebäude aufregende Zeiten: In den Räumlichkeiten befanden sich ein Tanzlokal, ein Steakhaus und eine Pizzeria. Seit 2000 hat hier das Restaurant »deLeckerbeck« seinen Sitz. Auf Initiative der Evangelischen Jugend von Norderney wurde 1996 an der ehemaligen Synagoge eine Gedenktafel angebracht.

**Adresse** Schmiedestraße 6, 26548 Norderney | **ÖPNV** Linie 1, Haltestelle Kurplatz | **Öffnungszeiten** nur von außen zu besichtigen | **Tipp** Eine weitere Gedenktafel ist seit November 1988 im Haus der Insel angebracht. Andere Spuren jüdischen Lebens auf Norderney sind durch acht Stolpersteine an vier Standorten (Bismarckstraße 4, Bismarckstraße 8, Strandstraße 10, Karlstraße 6) in der Stadt markiert.

Ehemalige Synagoge (1878 - 1933)

Dieses Gebäude wurde als Bethaus für jüdische Bürger und Gäste errichtet. Im Juli 1938 verkauft, entging es der Zerstörung in der Progromnacht vom 9. November des Jahres.

Zur Erinnerung und zum Gedenken

# 21 Die »Eugen«

*Der neue Star der Seenotretter*

Norderney ohne die Deutsche Gesellschaft zur Rettung Schiffbrüchiger (DGzRS)? Undenkbar! Die Verbundenheit ist groß, unumstößlich und allein schon durch die Insellage unumgänglich. Denn das Revier der Norderneyer Seenotretter erstreckt sich über das Wattenmeer bis zum Festland und zu den Nachbarinseln sowie bis weit in die Deutsche Bucht hinein in Richtung Norden. Der Seenotrettungskreuzer »Eugen« und dessen Crew sichern damit die gesamte Ausflugs- und Freizeitschifffahrt ebenso wie den ständigen Fährverkehr zwischen der Insel und dem Festland sowie die großen Schifffahrtswege nördlich von Norderney.

Die »Eugen« mit ihrem Arbeitsboot »Hubertus« sind die neuen Glanzstücke der DGzRS auf Norderney. Sie haben 2018 den altbewährten Seenotrettungskreuzer »Bernhard Gruben« mit dessen Tochterboot »Johann Fidi« abgelöst. Diese sind mittlerweile im Küstenbadeort Hooksiel stationiert.

Die »Eugen« wurde 2009 in Freest (Ostsee) getauft. Mit der Namengebung würdigten die Seenotretter der DGzRS damals das »wiederholte großzügige Engagement eines Förderers aus Bayern«.

Die Besatzung der »Eugen« wohnt in einem Gebäude in unmittelbarer Nähe zur Station am Norderneyer Hafen. Dort sind neun Seenotretter fest angestellt und acht Freiwillige im Einsatz. Die »Eugen« gehört zur Gattung der Seenotrettungskreuzer der 20-Meter-Klasse. Diese schließen die Lücke zwischen den Seenotrettungsbooten und den größeren Seenotrettungskreuzern ab 23 Metern Länge. »Die Anforderungen dieser kompakten Spezialschiffe liegen gezielt im küstennahen Bereich – auch bei geringen Wassertiefen«, betonen die DGzRS-Experten. Diese Schiffe könnten sich aber auch unter extremen Wetterbedingungen im freien Seeraum herausragend behaupten. So handelt es sich bei der »Eugen« um ein stattliches Kraftpaket: Es verfügt über pralle 1.660 PS und bringt es damit mal locker auf 30 Knoten (55 Stundenkilometer).

**Adresse** Am Hafen, 26548 Norderney | **ÖPNV** Linie 1, Haltestelle Hafen | **Tipp** Im Rahmen ihrer Öffentlichkeitsarbeit stellt die DGzRS ihre Arbeit an Bord und den Bordalltag als Seenotretter gern vor. Terminvereinbarung mit der Inspektion in Bremen unter Tel. 0421/53707412.

# 22 Die Feuerwehr-Oldies

*Reife Männer, sehr coole Autos*

Die Freiwillige Feuerwehr Norderney. Das bedeutet 365 Tage im Jahr Sicherheit und verlässlichen Schutz für die Insel. Doch neben den aktiven Floriansjüngern hat sich innerhalb der Inselwehr eine ganz besondere Abteilung längst einen richtig guten Namen gemacht: die Alterskameraden.

Um die Pflege der Kameradschaft nach dem Erreichen der Altersgrenze mit 62 Jahren und darüber hinaus fortzusetzen, wurde diese Gruppe vor einigen Jahren aus der Taufe gehoben. Seitdem treffen sich die Oldies der Freiwilligen Feuerwehr Norderney jeden ersten Samstag im Monat im Feuerwehrgerätehaus an der Bürgermeister-Willi-Lührs-Straße.

Und dass der Ehrgeiz immer noch groß ist, zeigt der proppenvolle Terminkalender: Da geht es allerdings nicht nur um Ausflüge, gemeinsames Essen, Grillen, Boßeln oder andere Freizeitvergnügungen. Auch fachlich fundierte Treffen mit Alterskameraden auf dem Festland stehen an.

Vor allem aber interessieren sich die Norderneyer Feuerwehr-Oldies brennend für die neue Technik. Auch mit 62 Jahren plus x möchten sie noch wissen, wie die neue Wärmebildkamera oder der Defibrillator der First Responder funktionieren.

Besonders auf sich aufmerksam machen sie derweil mit etwas anderem: Eine kleine Gruppe der Alterskameraden kümmert sich liebevoll um das Traditionsfahrzeug, ein LF (Löschfahrzeug) 16 auf einem Magirus Rundhauber von 1963. Erst kürzlich wurde der Wagen gründlich restauriert und steht jetzt wieder für Ausflüge zu Oldtimertreffen auf dem Festland zur Verfügung. Bestückt ist dieses Fahrzeug mit alten Gerätschaften und Ausrüstungsgegenständen wie Ledereimer, alten Helmen, Atemmasken mit Blasebalg und vielem mehr. Kein Wunder, dass diese Ausstellungen immer wieder besondere Aufmerksamkeit finden. Sind halt coole Typen, die Norderneyer Feuerwehr-Oldies!

**Adresse** Am Wasserturm 9, 26548 Norderney | **ÖPNV** Linie 3, Haltestelle Bürgermeister-Willi-Lührs-Straße | **Tipp** Wer einmal den Oldie-Wagen der Norderneyer Floriansjünger besichtigen möchte, der kann sich gern an Hans-Hermann Kramer, Tel. 04932/2864, wenden. Der Experte zeigt, was die Altersabteilung zu bieten hat, und gibt Auskunft.

# 23 Das Fischerhaus-Museum

*Teeseminare und »Updrögt Bohnen«*

Mal ehrlich: Was wäre eine Insel, die was auf sich hält, ohne ein Fischerhaus-Museum? Das wäre ja fast so, als hätte sie keinen Hafen, keinen Leuchtturm oder keinen Strand. Jedenfalls gehört das Norderneyer Fischerhaus-Museum zur Inselgemeinde wie die Mettwurst zu den aufgetrockneten Bohnen, den »Updrögt Bohnen«. Doch dazu später.

Das Fischerhaus-Museum auf Norderney wurde 1937 eröffnet und lockt besonders die Urlauber an, und zwar mit steigender Tendenz. Das kleine, aber feine Haus hat es sich im Argonnerwäldchen zwischen prächtigen Baumgruppen gemütlich gemacht. Es ist im Stil des 17. Jahrhunderts errichtet. Im Museum werden Exponate aus der Geschichte der Alltagskultur der Inselbevölkerung gezeigt. Dazu gehören Bestände aus den Bereichen des Wohnens, der Kleidung und der Arbeit. Auch der Fischfang, der im 17. Jahrhundert Haupterwerbsquelle für die Insulaner war, wird behandelt. Das Museum, das von den Akteuren des Heimatvereins betreut wird, gehört längst zu den beliebtesten Sehenswürdigkeiten auf Norderney.

Das Fischerhaus-Museum bietet regelmäßig Führungen an. Sehr gut besucht sind auch die Teeseminare im direkt angrenzenden Teehuus. Natürlich steht den Mitgliedern des Heimatvereins häufig auch der Sinn nach traditioneller Hausmannskost, die sie bei ihren Veranstaltungen immer gern anbieten, womit wir wieder bei den »Updrögt Bohnen« wären. Hierbei handelt es sich um ein altes Norderneyer Gericht, das Christa Wessels in ihrem kleinen Insel-Kochbuch zu Ehren hat kommen lassen. Was man dazu benötigt? Ganz einfach: 500 Gramm »updrögt Bohnen« (aufgetrocknete Bohnen), 750 Gramm »drögt dörwussen Speck« (getrockneter durchwachsener Speck), »twei Mettwursten« (zwei Mettwürste), »Water« (Wasser), 500 Gramm »Kartuffels« (Kartoffeln) sowie »Solt und Päper« (Salz und Pfeffer).

»Heel wat Leckeres.« (Das schmeckt sehr lecker.)

**Adresse** Weststrandstraße 1, 26548 Norderney | **ÖPNV** Linie 1, Haltestelle West-strand / Kurplatz | **Öffnungszeiten** und Führungen: Infos in der Tagespresse oder unter Tel. 04932/82503 | **Tipp** Das kleine Kochbuch »Lüttji plattdütschk un hochdütschk Kakbook mit Biller« (Kleines plattdeutsches und hochdeutsches Kochbuch mit Bildern) ist im Eigenverlag erschienen und im Fischerhaus-Museum zu haben.

# 24___Der Flugplatz

*… und der Leuchtturm schaut zu*

Wer es eher schnell mag, der nimmt den Flieger. Denn um die Insel zu erreichen, benötigt man mit einer der Frisia-Fähren im Durchschnitt eine knappe Stunde, je nachdem, wie viel Wasser das Wattenmeer im Wechsel zwischen Ebbe und Flut gerade hergibt.

Jedenfalls sind die Norderneyer stolz auf ihren Flughafen. Der liegt rund viereinhalb Kilometer vom Stadtzentrum entfernt. Dass er sich am Fuße des Leuchtturms befindet, verleiht dem Areal besonderen Charme. Zudem verfügt das Flughafengelände über ein Restaurant, das bei Insulanern wie Touristen einen ausgezeichneten Ruf hat.

Insofern ist der Norderneyer Flugplatz im Laufe der vergangenen zehn Jahre zu einem äußerst beliebten Ausflugsziel geworden. Zwar ist der Luftverkehr auf Norderney im Gegensatz zu den großen Airports der Republik überschaubar, aber er bedeutet für die Insel eine eminent wichtige Infrastruktureinrichtung. Die Frisia-Luftverkehr (FLN) verkehrt hier ganzjährig von Norden-Norddeich aus, Flüge finden – nach Bedarf – täglich statt und dauern zehn bis 15 Minuten. Natürlich ist aber auch die Anreise mit dem eigenen Flieger möglich. Die Landebahn ist rund 1.000 Meter lang, 20 Meter breit und verfügt über eine Nachtflugbefeuerung.

Die Geschichte der Luftfahrt auf Norderney begann übrigens mit Schauflügen der Ikaros-Gesellschaft anlässlich der »1. Norderneyer Sportwoche« 1910. Fast 3.000 Schaulustige zog es damals auf die Insel, um das Spektakel zu beobachten.

Der vergleichsweise geruhsame Alltag des Insel-Airports erhält heutzutage für gewöhnlich nur dann einen bunten Tupfer, wenn Prominenz anreist: Das kann die Kanzlerin sein, die in Wahlkampfzeiten zu einer Stippvisite einfliegt, oder – und dies jedoch regelmäßig – Größen aus der Musikszene wie Cro oder Unheilig, die im Rahmen von @summertime auf Norderney ihre Visitenkarte abgeben.

**Adresse** Am Leuchtturm 1a, 26548 Norderney | **ÖPNV** Linie 4, Haltestelle Leuchtturm | **Öffnungszeiten** und Flugplan unter www.flughafen-norderney.de | **Tipp** Von hier aus lohnt sich natürlich ein Kurzflug aufs Festland. Beispielsweise zu einer Shoppingtour durch die Küstenstadt Norden.

# 25 Die Friedrichstraße

*Einkaufsmeile mit kaiserlicher Vergangenheit*

Sie hat sich im Laufe der Jahre zu einem der großen gewerblichen Dreh- und Angelpunkte der Insel entwickelt: die Norderneyer Friedrichstraße. Benannt wurde sie nach Kaiser Friedrich III. (1831–1888), der gerade mal 99 Tage regierte und dennoch auch auf Norderney zu Ehren kam. Und zwar nachhaltig, wie man sieht.

Doch der Reihe nach: Wie die kaiserliche Bezeichnung der Straße schon andeutet, hat sie tatsächlich eine durchaus bedeutende Vergangenheit. Dabei erinnert ihre Entstehung erstaunlich übereinstimmend an die Grundstücks- und Immobilienpolitik dieser Tage. Denn bereits nach 1870 begann auf Norderney der Verkauf großer Areale von Dünen- und Gartengelände durch den Fiskus. Allein 1872 wurden 44 Grundstücke veräußert. Bereits die damalige Bodenspekulation trieb die Grundstückspreise in die Höhe, weshalb nur wohlhabende Norderneyer und auswärtige Interessenten die Flächen erwerben konnten. Die hohen Preise führten zu einer höheren Auslastung der Grundstücke, es entstanden deshalb in erster Linie größere Logierhäuser, Pensionen und Hotels, haben die Chronisten notiert. Doch man muss festhalten: Die Wirtschaft der Insel hat davon bis zum heutigen Tag profitiert.

Inzwischen ist die Friedrichstraße, insbesondere gemeinsam mit der benachbarten Poststraße, der Fixpunkt des insularen Einzelhandels. Geschäfte, Boutiquen, Lokale und teils exquisite Cafés liefern jede Menge Treffpunkte. Und auch touristisch ist die Norderneyer Friedrichstraße mit ihren Hotels und Ferienappartements eine wichtige Anlaufstelle.

Außerdem: Die Kaufleute der Friedrichstraße zeigen auch gern mal, dass sie sich vor der Konkurrenz nicht verstecken müssen. Flippige Aktionen wie die Teilnahme am Norderneyer Nachtbummel sorgen dafür, dass Leben in der Bude ist. Dem Kaiser gereicht es auf jeden Fall zur Ehre. Wenn Friedrich seine Straße heute sehen könnte, wäre er sicher zufrieden.

**Adresse** Friedrichstraße, 26548 Norderney | **ÖPNV** Linie 1, Haltestelle Kaiserstraße | **Tipp** Die Friedrichstraße grenzt unter anderem unmittelbar an die Seilerstraße. Dort kann man die Kapitänshäuser besichtigen.

# 26 Das »Fünf-Sterne-Hotel«

*Geduldsprobe zwischen Ruine und Ruhm*

2014 atmeten viele Norderneyer auf. Nach mehr als zehnjähriger planerischer Leidenszeit war es gelungen, eine seriöse Investorengruppe zum Bau eines Luxushotels in Kurplatznähe zu finden. Damit rückte der Zeitpunkt, der unansehnlichen Ruine des alten Kurmittelhauses den Garaus zu machen, endlich näher. Fürwahr: Das Image hatte aufgrund der öffentlichen Diskussion um das Prestigeprojekt ganz schön gelitten.

Das über Jahre hinweg zum allgegenwärtigen Inselphantom gewordene »Fünf-Sterne-Hotel«, das nach vielen Rückschlägen und juristischem Ärger nie über die Planungsphase hinauskam, überschwemmte Monat für Monat nicht nur die auf Norderney mehr als reichlich vorhandenen Gazetten, sondern auch die politischen Gremien und vor allem: die Stammtische. Während sogar schon die Rede davon war, dass ein ungenannt bleiben wollender saudi-arabischer Multimillionär seine Schatulle zwecks Hotelneubaus öffnen würde, entspannte sich die Lage erst, als eine Architektengemeinschaft mit insularem Hintergrund ankündigte, das Heft des Handelns in die Hand nehmen zu wollen, um dem Elend in städtebaulicher Filet-Lage ein Ende zu bereiten. Doch auch dies ist mittlerweile wieder Geschichte.

Von welcher Seite man die Lage auch betrachtet: Die Insel boomt trotzdem weiter. Nicht nur bei den Clubreisen, sondern auch und besonders im hochwertigen Segment gibt es Nachfragen en masse. So geraten die Befürworter eines Luxustempels immer wieder ins Schwärmen: Ein Fünf-Sterne-Hotel wäre das erste auf der ostfriesischen Halbinsel und auf den Ostfriesischen Inseln, und international bekäme der Tourismus auf Norderney einen weiteren Schub.

Noch aber sind Geduld und politische Tiefenentspannung gefragt. Denn Fakt ist: Nach wie vor verbergen bunte Graffiti-Zäune und ein überdimensionales Banner zum Thema Weltnaturerbe die Ruinenlandschaft. Bis zum Ruhm ist's wohl noch ein weiter Weg.

**Adresse** Ecke Weststrandstraße / Am Weststrand, 26548 Norderney | **ÖPNV** Linie 1, Haltestelle Weststrand / Kurplatz | **Tipp** In wenigen Minuten ist man zu Fuß direkt am Westbadestrand. Hier kann man (bei Wind und Wetter) vorzüglich die ein- und ausfahrenden Frisia-Fähren beobachten.

# 27__Der Garten Solaro

*Ein Stück wilder Natur mitten in der Stadt*

Er ist ein echter Hingucker, ein Ort, an dem man gern mal kurz stehen bleibt und einen zweiten und dritten Blick riskiert. Der Naturgarten der Tierarztfamilie Solaro in der Wilhelmstraße fällt ins Auge.

Es wirkt, als wüchse hier einfach alles so, wie, wo und wie lange es gefällt. Verschiedene Bäume und Sträucher, hohes Gras, hier und da verstreut bunte Blumen und Pflanzen in Tontöpfen. Hier scheint es keine Grenzen, keine Regeln, keine Formen zu geben, an die sich die Natur halten muss. Auf dem von Wind und Regen gezeichneten hölzernen Bauernzaun tummeln sich bunte Keramikfiguren. Ein Hund, eine Katze, ein Frosch … Der Garten Solaro ist ein Stück wilder Natur mitten in der Innenstadt Norderneys.

Der Vorgarten hebt sich deutlich ab von dem zurechtgestutzten, in Form gebrachten und künstlich angelegten Grün der meisten anderen Gärten. »Verwildert« oder »ungepflegt«, mögen manche denken. Einige Passanten haben nur ein Kopfschütteln für den Wildwuchs übrig. »Aber die meisten nehmen den kleinen Naturgarten positiv auf, sind erstaunt und erfreut«, erzählt Dr. Karl-Ludwig Solaro. So kommt es nicht selten vor, dass Spaziergänger, in den Bann gezogen vom außergewöhnlichen Grün in der Wilhelmstraße, einige Minuten vor dem Garten verbringen.

Eine Attraktion ist das kleine Naturrefugium mit dem hohen Gras im Sommer besonders für Kinder, wenn sie die zwei Schildkröten erblicken, die die warmen Monate im Grün des Gartens verbringen dürfen.

Eine Frage bleibt: Ist der Garten nun einfach nur verwildert, oder steckt sogar ein Konzept dahinter? Tierarzt Dr. Solaro, der sich selbst als einen eher »sortierten« Menschen sieht, gestaltet seinen Vorgarten bewusst in der Form. Er möchte ihn dem alten Haus entsprechend präsentieren. Das Wohnhaus der Familie hat noch eine uralte Tür und eine Veranda. Dinge, die aus dem Stadtbild Norderneys leider mehr und mehr verschwinden.

**Adresse** Wilhelmstraße 6, 26548 Norderney | **ÖPNV** Linie 1, Haltestelle Weststrand / Kurplatz | **Tipp** Die Eheleute Solaro betreiben neben der Tierarztpraxis eine Hundepension. Bei Norderneyern und Gästen immer wieder ein gern gebuchtes Angebot. Kontakt: Tel. 04932/82218.

# 28__Das Gemälde Georgs V.

*Auf den Spuren gekrönter und ungekrönter Häupter*

Als König Georg V. 1836 in seiner Eigenschaft als Kronprinz von Hannover erstmals als Badegast auf Norderney gastierte, hatte die Insel noch nicht viel zu bieten. Sie fristete ein stilles Dasein als kleines Fischerdorf, das in den vorangegangenen Jahren durch heftige Sturmfluten arg beschädigt worden war. Die Insulaner klagten dem Kronprinzen ihr Leid. Da es Georg auf Norderney zunehmend gut gefiel und er sich von den Strapazen des Regierens hier prächtig erholte, versprach er rasche Abhilfe.

In der Tat: Er veranlasste die hannoversche Regierung, Wälle und Buhnen aus riesigen Granitquadern zu bauen, »an denen die Gewalt der Fluten sich brach und die die Insel vor fernerem Schaden sicherten«, wie die Chronisten notierten. Und überhaupt: Der König liebte Norderney so sehr, dass er von dieser Zeit bis 1866 jedes Jahr drei Monate auf der Insel verbrachte.

Vieles erinnert noch heute an Georg, so auch das Gemälde im Weißen Saal des Conversationshauses. Es handelt sich um ein typisches »Herrscherbild«, das aus einem ehemaligen Schloss oder einer königlichen Hofhaltung stammt. Die genaue Herkunft ist unbekannt. Dieses Gemälde wie auch die beiden anderen Prunkbilder, die Wilhelm IV. und Ernst August von Hannover zeigen, sind in den 1950er Jahren nach Norderney gekommen. Auch die Maler dieser beiden Werke sind unbekannt.

Seit der Gründung des ersten deutschen Nordseebades 1797 besuchten Norderney zahlreiche berühmte Persönlichkeiten, darunter sogar Staatsoberhäupter, weshalb die Insel noch heute gern als »Königin der Nordsee« bezeichnet wird. Ein paar Beispiele gefällig? Friedrich Wilhelm von Preußen, der spätere Kaiser Friedrich III., Reichskanzler Fürst Bernhard von Bülow, Kaiser Wilhelm II., Gustav Stresemann. Gäste aus der jüngeren deutschen Politikgeschichte waren die Bundeskanzler Willy Brandt und Kurt Georg Kiesinger sowie die Bundespräsidenten Karl Carstens, Horst Köhler und Christian Wulff.

**Adresse** Conversationshaus, Weißer Saal, Am Kurplatz 1, 26548 Norderney | ÖPNV
Linie 1, Haltestelle Kurplatz | **Öffnungszeiten** Mo–So 9–22 Uhr | **Tipp** Wer sich
schon mal im Conversationshaus befindet, sollte ein wenig Zeit mitbringen. Lohnend
ist beispielsweise der Besuch des Kaminzimmers, wo unter anderem die regionale und
überregionale Presse ausgelegt ist.

# 29___Die Giftbude

*Ein gar nicht gefährliches Gasthaus*

Besonders vertrauenerweckend ist er ja nicht, der Name »Giftbude«. Erst recht nicht, wenn es sich dabei um ein Restaurant handelt. Klingt ja eher nach Chemielabor … Doch wie so oft lohnt sich ein kurzer Blick in die Geschichtsbücher, und alles ist plötzlich ganz anders, als man gedacht hat: »Gift« steht in diesem Fall nämlich nicht für gefährliche Toxine, sondern kommt aus dem Englischen und dem Niederdeutschen und bedeutet »Geschenk« oder so viel wie »geben«. Auch das Wort »Bude«, das beim ersten Hören etwas despektierlich klingt, leitet sich von dem früher in Norddeutschland gebräuchlichen Wort für Holzhäuschen, Pavillon oder Laube ab. Hört sich doch schon einladender an, oder?

Interessant ist auch, wie genau das Restaurant überhaupt zu dem Namen Giftbude kam. Er geht bereits auf das Jahr 1860 zurück. Damals eröffneten die Norderneyer Gebrüder Visser einen hölzernen Pavillon neben der »Georgshöhe« (siehe Ort 2), um den zahlreichen Kurgästen direkt am Strand eine Einkaufs- und Speisemöglichkeit zu bieten. Zu dieser Zeit feierten Gäste und Einheimische hier zwei- bis dreimal in der Saison den sogenannten »Insulanertag«. An diesem Festtag wurde der Verzehr der Insulaner bis zu einem gewissen Betrag von der Kurverwaltung übernommen. Schnell sprach sich unter den Norderneyer Bewohnern rum: »Dor gift eenen in't Bud!« (»Da gibt es einen in der Bude!«)

Einige Jahre, Pächter, Abrisse und Umbauten später erinnert im Norderneyer Strandlokal am Weststrand nichts mehr an einen Holzpavillon. In modernem Ambiente werden regionale und mediterrane Speisen serviert.

Und auch wenn die Zeche heute wohl kaum noch auf Kosten der Kurverwaltung geht, empfiehlt sich ein Besuch des traditionsreichen Inselrestaurants. Denn in der Giftbude kann man nicht nur bedenkenlos, sondern auch genüsslich speisen und dabei den Blick auf Strand und Meer genießen.

**Adresse** Am Weststrand 2, 26548 Norderney | **ÖPNV** Linie 1, Haltestelle Weststrand/ Kurplatz | **Öffnungszeiten** Di – So 10 – 0 Uhr | **Tipp** Ein schöner Spaziergang führt von hier direkt am Meer entlang zum Hafen. Gehzeit circa 25 Minuten.

# 30__ Der Golfplatz
*Für den Naturschutz: Neun Löcher müssen genügen*

Aller Anfang ist bescheiden. Mit gerade mal drei Löchern begannen die Norderneyer 1922, den Golfsport in den Dünen des Inselostens aus der Taufe zu heben. Fünf Jahre später, 1927, erfolgte bereits die offizielle Gründung des Golfclubs Norderney. Der erste sportliche Höhepunkt: die Norderneyer-Golfwoche und der »Preis der Nordsee«.

Trotz der guten Entwicklung war die Situation des Neun-Loch-Platzes mit seinem begrenzten Fassungsvermögen und der ständigen Bedrohung der Spielbahnen durch Wind und Wetter oft sehr schwierig. Erst 1970 wurde durch die Verlegung des benachbarten Flugplatzes auf die Wattseite eine Verbesserung erreicht, weil dadurch Platz für eine neue Übungswiese entstand.

Doch der Norderneyer Golfplatz hat noch ein ganz besonderes Merkmal: Er ist ein sogenannter Links-Kurs. Das will nicht heißen, dass man – wie man meinen könnte – die Bahnen gegen den Uhrzeigersinn spielt. Nein! Der Begriff Linksland stammt ursprünglich aus Großbritannien und ist schlicht die Bezeichnung für ein klobiges, raues Stück Land. Und das ist es in der Tat, bei allem Charme, den diese Landschaft zu bieten hat.

Der ambitionierte Plan des Golfclubs, den Platz auf 18 Löcher zu erweitern, scheiterte übrigens zuletzt 2011. Eine Verdoppelung der Kapazität sei dringend erforderlich, um genügend Gastspielern und Mitgliedern Spielmöglichkeiten zu bieten und den Tourismus zu forcieren, argumentierten die Befürworter seinerzeit. Doch aus dem Vorhaben wurde nichts. Nach heftigen Diskussionen mussten die Golfer nach einer Bürgerbefragung die Schläger strecken. Der Naturschutz ging als Sieger hervor. Weder die Vertreibung des Großen Brachvogels noch die Verlegung von Rad- und Wanderwegen kamen für die Mehrheit der Bürger in Frage. So heißt es auch heute noch: Links-Kurs-Golfen auf Norderney in absolut unberührter Natur – wenn auch nur mit neun Löchern.

**Adresse** Am Golfplatz 2, 26548 Norderney | **ÖPNV** Linie 4, Haltestelle Golfplatz |
**Öffnungszeiten** Mo–So ab 8 Uhr, Infos unter Tel. 04932/927156 | **Tipp** Einkehren kann
man für eine kleine Stärkung ins benachbarte Flugplatz-Restaurant, 10–20 Uhr geöffnet,
Mo Ruhetag.

# 31 Das Grabkreuz

*Ein ungeklärtes Schicksal auf dem alten Karkhoff*

Es ist ein Grabmal, das ganz besonders ins Auge fällt: das große gusseiserne Kreuz auf dem »Alten Friedhof« (plattdeutsch Karkhoff) an der evangelisch-lutherischen Inselkirche. Hier wurden bis 1875 die Verstorbenen der Insel beerdigt. Darunter auch der junge Matrose Giovanni Velcich aus Istrien. Und die Geschichte, die dahintersteckt, ist ebenso spannend wie mysteriös …

Giovanni Velcich war ein 22-jähriger österreichischer Matrose aus dem heutigen Kroatien. Er diente als Soldat unter König Georg V. von Hannover auf der Fregatte »Radetzky«, die nach dem Krieg gegen Dänemark im Juni 1864 bei Cuxhaven vor Anker lag. Einige Wochen zuvor hatte es ein entscheidendes Seegefecht vor Helgoland gegeben, um die Seeblockade der Dänen zu durchbrechen. Es wird vermutet, dass Velcich bei Reparaturarbeiten am Schiff ins Meer stürzte und ertrank. Denn wie die meisten Menschen seiner Zeit konnte er wohl, obgleich er Seemann war, nicht schwimmen. Die genauen Umstände seines Todes konnten aber nie abschließend geklärt werden. Der Leichnam des jungen Matrosen trieb mit der Strömung an den Strand von Norderney.

Im Beisein des Königs Georg V. von Hannover, der auch das Grabkreuz gestiftet hatte, wurde Giovanni Velcich am 18. Juli 1864 auf dem Norderneyer Friedhof bestattet. Aus Solidarität mit dem Seemann nahmen alle Männer der Insel an dem Begräbnis teil, und zu Ehren von Velcich, aber auch von Georg V. wurde das Grab reich mit Blumengestecken geschmückt. Der Mutter des Verunglückten ließ König Georg einen Brief und Geld zukommen.

Das Österreichische Schwarze Kreuz, ein Verein, der sich für den Erhalt und die Pflege von Grabstätten gefallener Soldaten einsetzt, veranlasste 2014, 150 Jahre nach der Bestattung des Soldaten, die Restaurierung des Kreuzes. In einer feierlichen Gedenkstunde wurde noch einmal an das Schicksal des jungen Matrosen erinnert, der seine letzte Ruhestätte auf Norderney fand.

Giovanni Velcich,
Matrose der K. K. Oesureich. Fregatte Radetzki
geb. 1842 zu Predoschirza (Jstrien) † 1864
24. Juni
in den
Wellen der
Chrsanrem
am
Norderney
angetrie-
ben am 18.
Juli 1864
hier bestattet.

**Adresse** Kirchstraße 3, 26548 Norderney | **ÖPNV** Linie 1, Haltestelle Damenpfad Mitte | **Tipp** Besuchen Sie den großen Inselfriedhof an der Jann-Berghaus-Straße. Dort ruhen 190 Tote beider Weltkriege, zudem ist dort ein Mahnmal errichtet.

# 32 Der Grohdepolder

*Wertvolles Land für Mensch und Tier*

Der Grohdepolder. Wer ihn noch nicht kennt, der sollte möglichst bald Bekanntschaft mit ihm machen: Bei diesem Marschgebiet handelt es sich um ein großflächiges eingedeichtes Stück Land an der Südseite Norderneys, also an der Wattenmeerseite. Das Areal befindet sich zwischen dem stadtnahen Südstrandpolder und dem Ostheller, ein Marschland, das den Beginn des Inselostens markiert. Der Grohdepolder ist eine Naturschönheit mitten im Weltnaturerbe Wattenmeer. Die Fläche bietet brütenden Wiesenvögeln paradiesischen Lebensraum. Vom Deich aus können Uferschnepfen, Austernfischer, Rotschenkel und Kiebitze prima beobachtet werden.

Zu den Zugzeiten rasten Goldregenpfeifer und Kiebitze, Ringelgänse und Pfeifenten dort teilweise in Scharen. Die Vögel lassen sich am besten direkt vom Grohdepolderdeich beobachten. Viele Watvögel rasten aber auch an den Salzwiesen und Buhnen außerhalb der Deichabschnitte. Auch hier schlägt das Herz des Vogelfreundes höher.

Die Südseite Norderneys ist im Laufe der Jahrzehnte bis zur Hälfte durch Deiche geschützt worden: Allein durch den Grohdedeich wurden zwischen 1926 und 1928 rund 180 Hektar Grünland gewonnen, die zunächst ackerbaulich, dann als Wiesen und Weiden genutzt wurden. Im westlichen Teil des Grohdepolders befindet sich im Übrigen auch der Inselflugplatz, zudem am Weststrand der Golfplatz, ein verträumtes Erlenwäldchen und der Leuchtturm. Der 1940/41 errichtete Grohdepolderdeich umschließt ein circa 140 Hektar großes, ursprünglich als Militärflugplatz geplantes Areal, das sich zu einem für Brut- und Rastvögel wertvollen Feuchtgebiet entwickelte und 1961 unter Naturschutz gestellt wurde.

Horizontalbohrungen zum Netzanschluss von Offshore-Windparks störten das Gebiet vor einigen Jahren empfindlich. Mittlerweile ist es aber wieder in den ursprünglichen Zustand versetzt worden, während man gleichzeitig landschaftliche Ersatzmaßnahmen durchgeführt hat.

**Adresse** Deichvorland zwischen östlichem Südstrandpolderdeich und Ostheller, 26548 Norderney | **ÖPNV** Linie 4, Haltestelle Leuchtturm | **Tipp** Der Wanderweg Polderwattweg 4 ist eine wunderschöne Radstrecke. Sie führt vom Conversationshaus an der Wattenmeerseite der Insel bis zum Parkplatz Ostheller.

# 33 Das Haus Bismarck

*Oder: Ambivalente Ansichten eines Reichskanzlers*

»Hier liege ich, vor aller Welt verborgen; ich blicke auf die schäumende See hinaus – und davor auf eines der hinreißendsten Weibsbilder« – für Otto von Bismarck (1815–1898) hatte auf Norderney offensichtlich nicht nur das Klima seinen Reiz. Der Politiker und erste deutsche Reichskanzler (1871–1890) war zweimal im Nordseeheilbad Norderney zu Gast, zu einer Zeit, in der die Insel sich zu einem aufstrebenden, exklusiven Badeort entwickelte und sich viele wohlhabende und adlige Besucher auf Norderney aufhielten. Im August 1844 besuchte er die Insel zum ersten Mal, wobei er mit dem Raddampfer »Telegraph« von Bremen aus anreiste und von einer stürmischen Überfahrt berichtete.

Norderney bezeichnete der spätere Fürst als ein »charmantes Bad«, der Strand sei prächtig, »ebener, weicher Sand ohne alle Steine, und Wellenschlag, wie ich ihn weder an der Ostsee noch bei Dieppe gesehen habe«, schwärmte Bismarck.

Bei seinem zweiten Besuch auf der Insel im Sommer 1853 war der Eindruck offenbar ein anderer. Otto von Bismarck, der nun preußischer Gesandter bei der Frankfurter Bundesversammlung war, schrieb in einem Brief an seine Frau Johanna von Puttkamer: »Kalte, kahle Häuserchen, Regen und wieder Regen, jeder hockt in seinem Bau ohne irgendeinen Vergnügungspunkt, und mit Ausnahme der Viertelstunde, die ich im Wasser zubringe, finde ich es so melancholisch, daß ich nicht einmal den Entschluß zum Arbeiten fassen kann, und am liebsten vom Morgen bis zum Abend im Bett liegen möchte und Romane lesen.«

Während seines zweiten Aufenthalts auf Norderney war Otto von Bismarck Gast im Haus des Schiffers Focke I. Eilts in der Marienstraße, in der auch das spätere Quartier des Schriftstellers Theodor Fontane gelegen war. An dem Haus wurde im April 1896 von der Gemeinde Norderney »zur bleibenden Erinnerung an den Baumeister des Deutschen Kaiserreichs« eine Gedenktafel angebracht.

**Adresse** Marienstraße 5, 26548 Norderney | **ÖPNV** Linie 1, Haltestelle Rosengarten | **Öffnungszeiten** nur von außen zu besichtigen | **Tipp** Nicht weit von hier befindet sich der Gondelteich, ein kleines, romantisches Naherholungsziel jenseits der Brandung.

# 34__Das Haus »Höhe 13«

*Das älteste Fischerhaus Norderneys*

Wenn das Haus »Höhe 13« Geschichten erzählen könnte …

… dann würde es wohl von den Familien berichten, denen es ein Zuhause geboten hat. Von dem Regen und den Stürmen, denen es in all den Jahren tapfer getrotzt hat. Und von den Veränderungen, die in seiner Nachbarschaft im Laufe der Zeit geschehen sind.

Das Haus »Höhe 13« im Bereich von Langestraße und Osterstraße ist das wohl älteste Haus auf Norderney. Das kleine weiß verputzte Haus mit dem Schornstein direkt am Giebel und den dunkelgrün gestrichenen Fenster- und Türrahmen aus Holz ist von der Stadt Norderney offiziell zum historischen Bauwerk deklariert worden. Der Bereich der Oster- und der Langestraße ist das älteste bebaute Gebiet der Insel. Wie alt genau das Haus ist, dessen Name aus dem Volksmund stammt, ist nicht bekannt. Es wurde aber in jedem Fall vor 1816 erbaut. Damals lebte ein Großteil der Norderneyer Bevölkerung vom Fischfang und -verkauf. Auch das Haus »Höhe 13« ist ein altes Fischerhaus.

Unter welchen Umständen wurde es wohl seinerzeit erbaut? Wie vielen Familienmitgliedern hat es Platz geboten? Hatte die Familie zwei, drei, vier Kinder? Oder teilten sich gar mehr als sechs Personen den Platz im Haus, das nur aus wenigen Räumen bestanden haben kann? Das kleine Haus in der Osterstraße, das 1960 restauriert wurde, lässt den Betrachter gedanklich in die Vergangenheit reisen. In eine Zeit, in der die raue Nordsee gleichzeitig Ernährer und die größte Gefahr für die Insulaner war. Hat das Haus »Höhe 13« seinen Bewohnern Glück gebracht? Oder ist sogar mal ein Fischer bei seiner gefährlichen Arbeit auf See geblieben? Wie war es wohl, wenn vor 200 Jahren der Familienvater aufbrach, um mit seinem Kutter sein Glück zu versuchen? Hofften sie alle auf einen guten Fang? Oder einfach nur darauf, dass der Fischer abends wieder ins Haus zurückkehrte? Wenn das Haus »Höhe 13« Geschichten erzählen könnte …

**Adresse** Langestraße 13, 26548 Norderney | **ÖPNV** Linie 1, Haltestelle Winterstraße |
**Öffnungszeiten** nur von außen zu besichtigen | **Tipp** Ein Abstecher in den östlichen Teil
der Jann-Berghaus-Straße führt zur Grundschule, einem prächtigen, stadtbildprägenden
Gebäude.

# 35___Das Haus Schiffahrt

*Insel-Ufo an der Molenspitze*

Haus Schiffahrt. Was für ein braver Name für einen Hafenterminal der Marke 3.0! Selbst Niedersachsens Ministerpräsident Stephan Weil staunte nicht schlecht, als er 2017 bei der Eröffnung von einem »architektonisch außergewöhnlichen Gebäude« sprach und die AG Reederei Norden-Frisia dafür ausdrücklich lobte.

Und tatsächlich: Auf der Norderneyer Hafenmole ist ein raumgreifendes Empfangsgebäude entstanden, das die beiden Anlegestellen geschickt miteinander verbindet. Damit ermöglicht die Reederei eine ebenso zeitgemäße wie komfortable Fahrgastabfertigung. Der neue Fahrgasttempel weist eine gewölbte, an eine Sanddüne erinnernde Dachkonstruktion auf. Er beherbergt im Erdgeschoss neben barrierefrei erreichbaren Fahrkarten- und Informationsschaltern Wartebereiche, Kiosk und sanitäre Anlagen. Das Obergeschoss dient der Verwaltung der Reederei als opulente Residenz, zudem bietet es eine Aussichtsplattform für die Öffentlichkeit sowie das »hygge«, das Café zum Glücklichsein.

Viele Jahre haben die Norderneyer auf dieses Gebäude gewartet, die alte Abfertigungshalle entsprach bei Weitem nicht mehr den logistischen und touristischen Erfordernissen der Zeit.

Der futuristisch anmutende Fährterminal ist maritim ausstaffiert und erinnert in seinen Umrissen je nach Betrachtungspunkt auch an ein Schiff. Dennoch wird es hin und wieder gerne mal salopp als Insel-Ufo bezeichnet. Optisches Glanzstück ist im Wartebereich eine farbenprächtige Wandgestaltung des Künstlers Ole West. Das Gebäude gründet auf 180 Betonpfählen und einer gigantischen Bodenplatte, um damit den Vorgaben für den Schutz vor Sturmfluten und Unterspülungen zu entsprechen. Das frühere Haus Schiffahrt hat sich übrigens in der Bühlowallee befunden. Bis 2017 war die komplette Reederei-Verwaltung dort untergebracht. Mit dem Umzug an den Hafen wurde der Name kurzerhand mit in die Koffer gepackt.

**Adresse** Am Hafen, 26548 Norderney | **ÖPNV** Linie 1, Haltestelle Hafen | **Tipp** Ein Besuch des früheren Haus Schiffahrt drängt sich geradewegs auf. In der alten Gepäckhalle in der Bühlowallee 2 befindet sich jetzt moderner Einzelhandel.

# 36__Die He!-Dalbe

*Der muntere Insel-Gruß gleich am Hafen*

Wenn man etwas ganz Besonderes vorzuweisen hat, dann spricht man heutzutage neudeutsch gern von einem Alleinstellungsmerkmal. Ein ziemlich hässliches Wort, weshalb manchmal in diesem Zusammenhang auch von sogenannten Leuchtturmprojekten gesprochen wird. Ziel: Man möchte sich von anderen Regionen abheben beziehungsweise schon von Weitem erkannt werden. So weit, so gut.

Mit dem fröhlichen Insel-Gruß »He!« besitzt Norderney ohne Zweifel ein Alleinstellungsmerkmal der ganz besonderen Art. Denn wer glaubt, hier mit einem ostfriesischen »Moin« punkten zu können, der irrt. Zu jeder Tages- und Nachtzeit heißt es auf Norderney »He!«, und nur wer das wirklich verinnerlicht, verhält sich auf der Insel – rein grußtechnisch gesehen – korrekt.

Eine fest verankerte Definition für das berühmte Norderneyer »He!« gibt es indessen nicht. Allerdings stammt dieser flotte Gruß nach übereinstimmenden Überlieferungen aus der Seefahrersprache, aus der man sich in Anlehnung an das weitverbreitete »Ahoi!« mit dem schlichten »He!« eine eigene kleine Besonderheit geschaffen hat.

Damit alle Gäste bereits bei ihrer Ankunft am Hafen wissen, was Sache ist, haben die Norderneyer auf einer wuchtigen Dalbe den entsprechenden Schriftzug angebracht, der die Besucher bei Wind und Wetter daran erinnert, dass sie sich für die Zeit ihres Aufenthalts Formeln wie »Moin!«, »Guten Tag!« oder »Guten Abend!« sparen können. Da versteht es sich fast von selbst, dass die Norderneyer He!-Dalbe längst zu einem der begehrtesten Fotomotive der Insel geworden ist.

Übrigens, so ganz nebenbei: Auf der Insel Norderney gibt man sich zur Begrüßung normalerweise nicht die Hand. Das macht man nur ein einziges Mal im Jahr, und zwar zu Neujahr. Und auch dann bitte immer schön dran denken: »He!« sagen, nicht »Moin!«.

**Adresse** Hafen-Anleger, 26548 Norderney | **ÖPNV** Linie 1, Haltestelle Hafen | **Tipp** Einfach mal zu Fuß vom Hafen in die Innenstadt! In 20 Gehminuten erreicht man über den Habenpad geradewegs den Kurplatz und alle drumherum liegenden Sehenswürdigkeiten.

# 37__Der Heidelberger Tiegel
*»Drucken live«* im Bademuseum

Was hat ein Heidelberger Tiegel auf Norderney zu suchen? Oder, besser gefragt: Was ist das überhaupt? Tiegel, das ist der verkürzte Ausdruck für eine Tiegeldruckpresse. Der Heidelberger Tiegel ist eine historische Druckmaschine.

1963 direkt aus Heidelberg auf die Insel geliefert, bedeutete die vollautomatische Druckmaschine damals einen immensen Fortschritt für die Norderneyer Druckerei Luttmann in der Friedrichstraße. Bis dahin hatte man mit einer halb automatischen Maschine gearbeitet, in die man jedes Blatt einzeln einlegen musste. Der Vorgänger des Heidelberger Tiegels schaffte gerade mal 600 Drucke in der Stunde, wohingegen nun in der gleichen Zeit 5.000 Drucke möglich waren. Bis 1985 war der Tiegel in der Druckerei mit angeschlossenem Schreibwarengeschäft in Betrieb, bis sich durch die zunehmende Digitalisierung des Druckvorgangs der Gebrauch nicht mehr lohnte. Nach der Übergabe des Geschäfts stellte Volker Jänsch, Buchdruckermeister in dritter Generation, die historische Druckmaschine dem Bademuseum zur Verfügung. So findet man seit 2011 die vollständige Druckerei inklusive Setzerei in den Katakomben des Museums wieder.

Die etwa eine Tonne schwere Maschine mit Hilfe von Kran und Lkw von der Friedrichstraße ins Bademuseum am Weststrand zu transportieren war ein aufwendiges Unterfangen. Da Fenster und Türen des Geschäfts zu eng waren, musste zum Teil Mauerwerk entfernt werden. Die Druckmaschine wurde so weit wie möglich auseinandergebaut und am neuen Standort wieder zusammengesetzt.

Buchdruckermeister Jänsch leitet in der Hauptsaison jeden Mittwoch, aber auch auf Anfrage die Veranstaltung »Drucken live«. Dabei gibt er nicht nur Informationen über den Buchdruck im Allgemeinen weiter, sondern auch über den Heidelberger Tiegel im Speziellen. Außerdem wird tatsächlich live gedruckt, und jeder Teilnehmer erhält seinen eigenen Druck als Andenken.

**Adresse** Am Weststrand 11, 26548 Norderney | **ÖPNV** Linie 1, Haltestelle Weststrand/
Kurplatz | **Öffnungszeiten** Mo–So 11–16 Uhr; Termine für »Drucken live« auf Anfrage
unter Tel. 04932/935422 | **Tipp** Nach dem Besuch der Vorführung im Museum bleiben. Hier
bekommt man einen höchst anschaulichen Einblick in die Geschichte des Seebads Norderney.

# 38 Das Heine-Denkmal

*Große Ehre für einen genialen Polemiker*

Heinrich Heine, mit genialen Gaben ausgestatteter Dichter, hochgelobt, gefürchtet, beneidet und verachtet, ist den Norderneyern ein Denkmal wert. Nur wenige Schritte vom Kurtheater entfernt hat die lebensgroße Statue ihren Platz gefunden. Und so entgeht niemandem, dass der Düsseldorfer Poet auch auf der Sonneninsel wirkte.

Doch wer glaubt, Heine habe sich auf Norderney ausschließlich den schönen Künsten gewidmet, der irrt. Heine galt schon zu Beginn seines Wirkens als Satiriker und Polemiker vor dem Herrn. 1826 befasste sich Heine auf Norderney mit den Insulanern selbst. Dabei ließ er an Schärfe und Sarkasmus nichts vermissen: Die Insulaner waren in seinen Augen »eigenwillige Typen«. Die Seefahrt habe für diese Menschen einen großen Reiz. »Und dennoch, glaube ich, daheim ist ihnen allen am wohlsten zumute«, urteilte er in seinen »Reisebildern« und fuhr fort: »Sind sie auch auf ihren Schiffen sogar nach jenen südlichen Ländern gekommen, wo die Sonne blühender und der Mond romantischer leuchtet, so können doch alle Blumen dort nicht den Leck ihres Herzens stopfen, und mitten in der duftigen Heimat des Frühlings sehnen sie sich wieder zurück nach ihrer Sandinsel, nach ihren kleinen Hütten, nach dem flackernden Herde, wo die Ihrigen, wohlverwahrt in wollenen Jacken, herumkauern und einen Tee trinken.«

Seit Herbst 1983 steht Heines Denkmal zwischen Kurtheater und Haus der Insel. Es geht auf einen Entwurf des Bildhauers Arno Breker von 1930 zurück. Für Diskussionsstoff sorgte die Tatsache, dass Breker zu den prominentesten Bildhauern im Nationalsozialismus gehörte. Die Gesellschaft Heinrich-Heine-Denkmal entschloss sich jedenfalls, das Werk im Einverständnis mit dem Künstler der Stadt Norderney zu schenken. Obwohl der Rat das Geschenk einstimmig annahm, ebbte die Diskussion nicht ab. Dennoch wurde das Denkmal am 6. Dezember 1983 aufgestellt.

**Adresse** Platz zwischen Kurtheater und Haus der Insel, 26548 Norderney | **ÖPNV** Linie 1, Haltestelle Kurplatz | **Tipp** Ein weiterer literarischer Abstecher lohnt sich zum Bücherschrank auf dem Onnen-Visser-Platz. Dort befinden sich viele Romane und Sachbücher zum kostenlosen Ausleihen.

# 39 Der Hindenburg-Stein

*Dem »Helden von Tannenberg« zu Ehren*

Wer durch den Norderneyer Kurpark spaziert und die ehemalige Napoleonschanze besichtigt, der sollte sich auch auf der Ostseite der Schanze umsehen. Denn die 1811 unter französischer Fremdherrschaft errichtete Festungsanlage, die heute ein Park mit Schwanenteich ist, beherbergt eine Erinnerung an einen weiteren Kriegsherrn. An der östlichen Seite der Napoleonschanze liegt, unter Bäumen und Büschen versteckt und von Wind und Wetter gezeichnet, der »Hindenburg-Stein«.

Gewidmet wurde er dem deutschen Politiker, Generalfeldmarschall und späteren Reichskanzler Paul von Hindenburg (1847–1934). Der Stein sollte die militärischen Erfolge des »Helden von Tannenberg« in Ostpreußen würdigen. In der Schlacht bei Tannenberg besiegten die zahlenmäßig unterlegenen deutschen Truppen zu Beginn des Ersten Weltkriegs Ende August 1914 Truppen der russischen Armee und drängten sie wieder aus dem südlichen Ostpreußen zurück. Hindenburg stieg während des Ersten Weltkriegs durch seine militärischen Erfolge zum Chef der Obersten Heeresleitung auf. 1925 wurde er zum zweiten Reichspräsidenten der Weimarer Republik gewählt, ab 1933 war er Reichspräsident im Nationalsozialismus unter Adolf Hitler. Paul Ludwig Hans Anton von Beneckendorff und von Hindenburg, so sein voller Name, verbrachte 1895, einige Jahre vor Kriegsbeginn, einen mehrwöchigen Kuraufenthalt auf Norderney.

Der Hindenburg-Stein wurde 1917 zu Ehren des Politikers, Kriegsherrn und prominenten Inselgastes anlässlich seines 70. Geburtstags an der östlichen Schanzenseite niedergelegt.

Neben dem Hindenburg-Stein stand viele Jahre die »Hindenburg-Eiche«, die Erzählungen zufolge von dem damals auf Norderney stationierten Militär noch während des Krieges gepflanzt wurde. Wann genau sie gefällt wurde, ist allerdings nicht bekannt. An sie erinnert einzig die stark verwitterte Inschrift »Hindenburg-Eiche« auf dem Stein.

**Adresse** Napoleonschanze, 26548 Norderney | **ÖPNV** Linie 1, Haltestelle Rosengarten | **Tipp** Unmittelbar angrenzend befindet sich der Schwanenteich. Hier ist Gelegenheit für eine erholsame Rast.

# 40 Das Historische Schaufenster

*Ein Blick in die Vergangenheit*

Norderney, das älteste Nordseeheilbad Deutschlands, wurde besonders von der hannoverschen und der wilhelminischen Epoche um die Jahrhundertwende 1900 geprägt. Damals längst kein armes Fischerdorf mehr, entwickelte sich Norderney gerade zu dieser Zeit zum beliebten und exklusiven Kurort, in dem nicht nur wohlhabende, sondern häufig auch blaublütige Besucher ihre Freizeit verbrachten. Kein Wunder also, dass aus diesen Jahren viele Gebäude, Denkmäler und Sehenswürdigkeiten auf der Insel stammen.

Das »Historische Schaufenster« ist ein Projekt der Stadt Norderney, bei dem 23 Bildträger im westlichen Stadtgebiet aufgestellt wurden, die in großformatigen Ansichten das jeweilige Stadtbild vor etwa 100 bis 150 Jahren zeigen. Auf den Spuren des »Historischen Schaufensters« zu sein bedeutet nicht nur, das Norderney von heute zu entdecken und den Westteil der Insel kennenzulernen, sondern auch, einen Blick zurückzuwerfen, Kultur und Historie einer Nordseeinsel mit einer bewegten Vergangenheit zu erforschen. Besonderes Augenmerk liegt dabei auf der über 200-jährigen Entwicklung Norderneys als Nordseeheilbad seit seiner Gründung 1797.

Vom Schaufenster Nummer eins, dem Norderneyer Hafen, führt der Weg vorbei an der Bülowallee, dem Kurhaus, der Milchbar und vielen weiteren sehenswerten Orten bis zum »Historischen Schaufenster« Nummer 23, der Seenotrettungsstation am Weststrand.

Zum »Historischen Schaufenster« gibt es die Broschüre »Norderney entdecken – Das Historische Schaufenster«, die als Wegweiser zu den Bildtafeln dient. Sie enthält Informationen zu den jeweiligen Denkmälern, Gebäuden und Plätzen, aber auch zu weiteren lohnenswerten Zielen auf der Wegstrecke. Die Broschüre ist in Buchhandlungen, im Verkehrsbüro und im Rathaus erhältlich.

**Adresse** westliches Stadtgebiet, 26548 Norderney | **Tipp** Wer am Ende genug vom historischen Insel-Trip hat, der sollte das kleine Wortspielchen mit Leben erfüllen und sich zu einem echten Schaufensterbummel durch die Innenstadt aufmachen.

# 41 Die Hochhäuser

*Wenn Bausünden zum Blickfang werden*

Wer ein echter Norderney-Fan ist, der hält es wie mit seiner Angebeteten: Er liebt sie mit Haut und Haaren. Andersherum kann man auch sagen: Wenn die Liebe groß genug ist, dann sieht man auch mal über das eine oder andere hinweg. Sprich: Es gibt Dinge, über die redet man nicht. Zumindest nicht gern.

Nicht anders verhält es sich mit den weithin sichtbaren Bausünden der Nachkriegsgeschichte, den Hochhäusern. Sie wollen so gar nicht in Einklang stehen mit den vielen wunderschönen, im wilhelminischen Stil errichteten Gebäuden. Ästheten wenden an der Stelle den Blick gern mal ab, denn die Stadt Norderney hat architektonisch tatsächlich viel mehr zu bieten als pure Zweckmäßigkeit in Beton. Ein von der Bezirksregierung Weser-Ems in Auftrag gegebenes Verzeichnis der Baudenkmale auf Norderney zählt immerhin mehr als 100 unter Denkmalschutz stehende Häuser im Stadtgebiet auf. Darunter befinden sich neben den Bauten aus der wilhelminischen Ära etliche Häuser im Jugend- und Bäderstil sowie aus der Zeit des Biedermeiers.

Als Bausünden der 1960er Jahre werden die trotzig in den Himmel ragenden Gebäude häufig angesehen, die der Stadt einen deutlichen Makel verpassen, wenngleich sie im Inneren höchsten Wohnkomfort bieten und die Weltläufigkeit des kleinen Eilands unterstreichen.

Doch es gibt auch viele positive Beispiele. Da erkennt man die Architektur mit Fingerspitzengefühl an den teils aufwendig sanierten, teils neu geschaffenen Veranden, wie man sie im Damenpfad sieht. Das würde sicher auch die Staatsoberhäupter von früher erfreuen, die Norderney zu ihrer ersten Urlaubsadresse erkoren hatten. Denn seit 1900 residierte der spätere Reichskanzler Bernhard von Bülow im Sommer in der Villa Fresena (später Hotel Belvedere), einer um 1870 im Tudorstil erbauten Villa am Weststrand. Dort empfing er 1906 sogar Kaiser Wilhelm II.

**Adresse** Strandpromenade, 26548 Norderney | **ÖPNV** Linie 1, Haltestelle Kaiserstraße |
**Tipp** Wer es supermodern und futuristisch mag, der sollte sich in aller Ruhe den neuen
Hafenterminal anschauen. Er wird im Herbst 2017 offiziell eröffnet. Infos mit Grafiken
unter www.reederei-frisia.de.

# 42  De Hochtiedsstuv

*Romantischer geht es kaum noch*

Sich das Jawort im Grünen geben, während nur wenige Meter entfernt die Brandung am Westbadestrand arglos schäumt und im Argonnerwäldchen die Vögel von den Bäumen zwitschern. Nein, das ist kein Traum, sondern es ist traumhaft. Zumindest für verliebte Paare, die sich entschlossen haben, in der Hochtiedsstuv, in der Norderneyer Hochzeitsstube also, den Bund fürs Leben zu schließen und gleichzeitig einen unvergesslichen Tag zu genießen.

Die Standesbeamten der Stadt Norderney tun jedenfalls seit vielen Jahren alles, um Braut und Bräutigam in dem kleinen, romantischen Haus, das sich bescheiden unter die schützenden Baumkronen unweit des ebenso romantischen Fischerhaus-Museums duckt, einen grandiosen Start ins Eheleben zu bereiten. Wer nämlich auf der Insel heiraten möchte, der kann sich im höchst romantischen Ambiente der Hochtiedsstuv zu – wie es heißt – Mann und Frau erklären und zusätzlich sogar ein bisschen verwöhnen lassen.

Denn nicht nur ein prickelnder Sektempfang wird dem Paar und dessen Gästen geboten; Braut und Bräutigam haben anschließend sogar die Gelegenheit, im gemütlich hergerichteten Butzenbett ihre Hochzeitsnacht zu verbringen. Am nächsten Morgen können sich die Turteltauben dann an einem reichhaltigen Frühstücksbüfett stärken und sich anschließend auf ihren gemeinsamen Lebensweg begeben.

Doch nicht nur in der Hochtiedsstuv können sich Verliebte trauen. Hinzu kommt auf Norderney die Möglichkeit, sich vom 1. Mai bis zum 30. September eines jeden Jahres, also außerhalb der Sturmflutsaison, im historischen Badekarren am Weststrand das Jawort zu geben. Bei schönem Wetter ist auch dies ein wahrer Traum für viele Hochzeitspaare.

Für große Hochzeitsgesellschaften bietet sich übrigens der »Weiße Saal« im Conversationshaus am Kurplatz an. Hier können sich bis zu 100 Personen vergnügen und gemeinsam mit den Frischvermählten anstoßen.

**Adresse** Argonnerwäldchen, 26548 Norderney | **ÖPNV** Linie 1, Haltestelle West-strandstraße / Kurplatz | **Öffnungszeiten** Terminabsprache mit dem Standesamt unter Tel. 04932/920215, E-Mail stadt@norderney.de; Reservierung des »Weißen Saals« beim Staatsbad beziehungsweise der Kurverwaltung unter Tel. 04932/891168 | **Tipp** Wer es besonders festlich mag, der kann auf Norderney am großen Silvesterball teilnehmen, den die Kurverwaltung im Conversationshaus veranstaltet. Infos unter Tel. 04932/891900.

# 43 __ Das Hotel Seesteg

*Vom Lagerschuppen zum Präsidentendomizil*

Gut Ding will Weile haben. Vor mehr als 110 Jahren, als Norderney sich in den Mittelpunkt des gesellschaftlichen und künstlerischen Lebens der Republik einreihte, wurde das heutige Hotelgebäude als Lagerhalle für den damaligen Norderneyer Seesteg erbaut. Naturmaterialien und Design haben den Schuppen inzwischen zu einem Luxushotel gemacht. Heute präsentiert sich der Seesteg extravagant und anspruchsvoll, bewusst gegen Mittelmaß und Minimalismus. Der ultimative Luxus spiegelt sich nicht nur im Foyer, im Spa-Bereich und praktisch in allen Fluren des Hauses wider, sondern auch in 16 Zimmern direkt am Meer.

Im Dezember 2005 wurde der übrig gebliebene Seestegschuppen von den Brüdern Marc (Architekt) und Jens Brune (Hotelier) erworben und in einjähriger Bauzeit zu einem auffallend eleganten Hotel kernsaniert. Die Bauherren entschieden sich außerdem, das Gebäude, das nicht unter Denkmalschutz stand, dennoch in seiner Struktur zu erhalten. Die vorhandenen Holzbohlen aus dem Seestegschuppen beispielsweise, die ursprünglich den Bodenbelag der Geschossdecken bildeten – auf denen zuletzt die Strandkörbe lagerten –, wurden im historischen Gebäudeteil als Wandverkleidung der Flure und Zimmer verarbeitet. Der Seesteg war jeweils im Herbst abgebaut beziehungsweise im Frühjahr aufgebaut worden. Die Handwerker kamen aus Hage, unweit von Aurich. Sie benötigten für den Job sechs Wochen.

Das Seesteg-Restaurant genießt – im wahrsten Sinne des Wortes – einen ausgezeichneten Ruf. Es wurde mit einem Michelin-Stern geehrt und mit 15 Gault-Millau-Punkten belohnt. Das wissen natürlich auch viele prominente Gäste aus dem In- und Ausland zu schätzen. Unter anderem die früheren Bundespräsidenten Horst Köhler und Christian Wulff genossen vom ehemaligen Lagerschuppen aus gleich mehrfach die Norderneyer Seeluft – und das luxuriöse Ambiente des Seestegs natürlich.

**Adresse** Damenpfad 36a, 26548 Norderney | **ÖPNV** Linie 1, Haltestelle Europäischer Hof / Kaiserstraße | **Tipp** Gleich vis-à-vis am Nordstrand treffen sich die Inselfans abends bei schönem Wetter. Dieser Strandabschnitt gehört nämlich zu den Top-Sundowner-Adressen der Insel.

# 44__Die Inselbrauerei
*Lokal trinken – global handeln*

Das Inselleben ist manchmal hart. Nicht alles, was man zum Leben braucht, ist direkt vor Ort verfügbar. Die Insulaner sind auf Lieferungen vom Festland angewiesen, und die Transporte per Schiff oder Flugzeug sind auch in der heutigen Zeit noch wetterabhängig. Umso wichtiger, dass man bei der Versorgung mit den wichtigsten Grundnahrungsmitteln unabhängig ist.

Was das Bier betrifft, ist Norderney glücklicherweise autark: Seit 2012 kann sich die Inselbevölkerung mit dem Gerstensaft selbst versorgen. Hier sitzt niemand auf dem Trockenen, wenn ein Sturm die Insel von der Außenwelt abschneidet. Denn Norderney hat sein eigenes Bier.

Die Inselspezialität wird mit Hilfe einer computergesteuerten Brauanlage und modernster Technik gebraut. Der Gründer und Chef der Inselbrauerei, Tobias Pape, ist zusammen mit einem Braumeister für die Rezeptur zuständig. »Natürlich wird mit dem hervorragenden Norderneyer Inselwasser und viel Liebe gebraut«, schwärmt Mitarbeiterin Doris Teriete.

Die Inselbrauerei produziert derzeit zwei Stammsorten: das feinherbe, naturtrübe Norderneyer Pils und das dunkle Norderneyer Weizen. Ergänzt wird das Sortiment regelmäßig durch saisonale Spezialitäten wie Maibock oder Weihnachtsbier. Neben dem »Brauhaus« im Damenpfad, einer gemütlichen Gaststätte mit rustikalem Ambiente, werden auch weitere Insel-Lokale mit dem Norderneyer Bier versorgt.

Aufgrund des rasant steigenden Absatzes des beliebten Norderneyer Bieres reichte die kleine Brauerei im Keller einer ehemaligen Pension am Damenpfad bald nicht mehr aus: Im März 2016 bezog man eine neu gebaute Brauhalle im Norderneyer Gewerbegebiet und vervierfachte damit die Braukapazität. So steht eins fest: Die Versorgung der Insulaner und ihrer Gäste mit Bier ist auch in Zukunft zu jeder Zeit und bei jedem Wetter gesichert.

**Adresse** Gewerbegelände 18, 26548 Norderney | **ÖPNV** Linie 3, Haltestelle Birkenweg | **Tipp** Norderney-Bier in besonderer Atmosphäre wird auch in der Weststrandbar ausgeschenkt. Dort gibt es den Meeresblick gratis dazu.

# 45_Die Inselkirche

*Der Leuchtturm Gottes*

Man muss in den Geschichtsbüchern der Ostfriesischen Inseln schon ganz schön tief graben, bis man sie endlich findet. 1420 berichtet das ostfriesische Kirchenverzeichnis erstmals über ein Kirchengebäude auf der Insel Norderney; dabei soll es sich um ein »turmartiges Gebäude« gehandelt haben. Die älteste Darstellung dieses Turms weist aber erst eine Karte von 1555 auf. Darauf erkennt man die Dünenketten und auf dem Westkopf der Insel einen hohen Turm mit flachem Abschluss. Ein paar Jahre später findet sich dieser Turm in den Unterlagen der insularen Heimatforscher erneut, diesmal auf einer speziellen Seekarte. Er soll seinerzeit nicht nur ein weithin sichtbares Zeichen für ein Gotteshaus gewesen sein, sondern gleichzeitig als wichtige Orientierungshilfe für die Schifffahrt auf der Nordsee gedient haben.

Damals zählte man auf Norderney 16 Häuser, in denen etwa 80 Einwohner lebten. Sie ernährten sich – wie die Bewohner der anderen sechs Ostfriesischen Inseln auch – fast allesamt vom Fischfang.

Die Norderneyer Inselkirche, wie sie sich heute darstellt, wurde 1879 mit einem feierlichen Gottesdienst und, wie könnte es anders sein: im Beisein des deutschen Kaiserpaars aus Anlass dessen goldener Hochzeit eingeweiht.

Heutzutage plant die Kirchengemeinde jedes Jahr mehr als 50 Musikveranstaltungen. Da reicht die Palette von Chorkonzerten mit den Jugend- und Kinderchören, dem Inselchor sowie der Kantorei über Auftritte des Posaunenchors bis zu den allseits beliebten Starfish-Singers, einem Gospel-Ensemble.

Auf der Empore befindet sich die Orgel, die 2008 nach einer höchst erfreulichen Spendenaktion von Orgelbauer Harm Kirschner aus Weener erbaut wurde. Das Instrument hat 30 Register auf drei Manualen und einem Pedal und erfreut sich bei Freunden der Kirchenmusik wachsender Beliebtheit.

**Adresse** Kirchstraße 3, 26548 Norderney | **ÖPNV** Linie 1, Haltestelle Kurplatz | **Tipp** Wer einmal eine Kirche der besonderen Art sehen möchte, der könnte sich einen Tagesausflug aufs Festland gönnen. In Suurhusen, direkt bei Emden, gibt es den schiefsten Kirchturm der Welt. Neigung: 5,19 Grad. Pisa (3,97) ist nichts dagegen.

# 46__Die Jann-Berghaus-Straße

*Die Hauptstraße im Stadtzentrum*

Eine für eine Stadt bedeutende Straße verdient einen adäquaten Namensgeber. Nach Jann Janssen Berghaus, geboren 1870 in Schirum, gestorben 1954 in Aurich, ist eine der Hauptstraßen Norderneys benannt. Berghaus war ein liberaler Politiker, der zehn Jahre das Amt des Regierungspräsidenten des preußischen Regierungsbezirks Aurich bekleidete. Und er hatte auch persönlichen Bezug zu Norderney: Nach dem Ersten Weltkrieg wurde er hauptamtlicher Bürgermeister der Stadt Norderney, wobei er die Insel schon aus Zeiten vor seiner politischen Karriere kannte. Bevor er in die Politik ging, hatte er, unter anderem auf Norderney, als Lehrer gearbeitet. Im Amt des Regierungspräsidenten von Aurich nahm er 1931 an der Einweihungsfeier des damals europaweit einzigartigen Seewasser- und Wellenbads am Weststrand teil und hielt die Eröffnungsrede. Als einige Jahre zuvor, zum Todestag von Friedrich Schiller, das Schauspiel »Die Räuber« auf der Bühne des Kurtheaters gespielt wurde, war Jann Berghaus darin in der Rolle des alten Moor zu sehen.

Jann Berghaus war in ganz Ostfriesland bekannt und wegen seiner Volkstümlichkeit und der christlichen Einstellung überaus beliebt, sodass nicht nur auf Norderney, sondern auch auf Borkum sowie in Aurich und Wittmund Straßen nach dem ostfriesischen Politiker benannt wurden. Die Jann-Berghaus-Straße führt mitten durch das Stadtzentrum von Norderney. Sie ist eine der Haupteinkaufsstraßen der Insel. Ein Geschäft reiht sich ans nächste, von Boutiquen bis Souvenirshops ist alles dabei. Auch die Gastronomie ist zahlreich vertreten: Die Straße hat eine Menge Restaurants und Cafés zu bieten. Aufgrund ihrer zentralen Lage ist die Jann-Berghaus-Straße eine der Hauptverkehrsadern Norderneys, wenn auch hauptsächlich für Fußgänger und Fahrradfahrer, denn im Stadtzentrum herrscht die meiste Zeit ein Fahrverbot für Autos.

**Adresse** Jann-Berghaus-Straße, 26548 Norderney | **ÖPNV** Linie 2, 3, 4, 5, Haltestelle Busbahnhof | **Tipp** Eine kleine (oder große) Pause lässt sich im Café Mumpitz (Jann-Berghaus-Straße 20) einrichten. Besonders beliebt sind die hausgemachten Pancakes.

# 47_Der Januskopf
*Das Tor zum Meer*

Eigentlich ist der Januskopf nur eine kleine Düne am östlichen Ende der großen Strandpromenade im Norden der Insel. Und eigentlich ist diese Düne auch nur ein Ausläufer der berühmten Düne Georgshöhe, die auf den ersten Blick mit ihrem beeindruckenden Denkmal in Form eines Stockankers (siehe Ort 2) wesentlich auffälliger ist. Aber der Januskopf vermittelt ein ganz besonderes Gefühl. Mit dem Betreten der Düne wird plötzlich der Blick frei auf die wilde Dünenlandschaft, den weiten Strand und das offene Meer. Links die Georgshöhe, rechts noch ein paar Cafés und Lokale, dahinter beginnt so langsam der unberührte Naturstrand, der noch etwa zehn Kilometer bis zum Inselende im Osten reicht. Man hat das Gefühl, ein Tor zum Meer geöffnet zu haben. Ob der Januskopf deswegen nach dem römischen Gott Janus, dem Schützer der Türen und Tore, benannt ist, ist nicht überliefert. Passend wäre es allemal. Der stets doppelgesichtig dargestellte Gott steht nämlich außerdem für Weitblick und Übersicht, da er in alle Richtungen blicken kann.

Der Januskopf ist der Surfspot der Insel. Hier wird jedes Jahr der Deutsche Windsurf Cup ausgetragen. Surfer schätzen den Januskopf aufgrund der besonders guten Bedingungen: Bei meist kräftigem Westwind bietet er sehr hohe, sauber und in guten Abständen auf den Strand auslaufende Wellen und wenig Strömung am Strand für einen guten Einstieg.

Norderney ist die Ostfriesische Insel mit der größten Surfszene. Kein Wunder, dass es ein Surfcafé gibt. Direkt am Januskopf können hier nicht nur Surfer bei freiem Blick aufs Meer und in entspannter Atmosphäre essen und trinken. Direkt nebenan lädt das Restaurant »Riffkieker« die Strandbesucher ein. Der Strandabschnitt am Januskopf bietet heute den Rahmen für Veranstaltungen aller Art, beispielsweise den Nordseelauf, das Promenadenfest und das weithin bekannte White-Sands-Festival.

**Adresse** Am Januskopf, 26548 Norderney | **ÖPNV** Linie 1, Haltestelle Moltkestraße | **Tipp** Auf dem Vorplatz des Januskopfs befindet sich ein großes Schachspielfeld. Es kann zu den Öffnungszeiten von Surfcafé und Riffkieker (Mo−So 10−22 Uhr) bespielt werden.

# 48 Das Kaiserliche Postamt

*Ein Relikt aus dem Kaiserreich*

Wie schön es auf ihrer Lieblingsinsel Norderney ist, das wollten Kurgäste und Urlauber den Daheimgebliebenen schon immer auf dem schnellsten Wege mitteilen. Was heute mit Hilfe von Facebook, Twitter, WhatsApp und Co. innerhalb von nur wenigen Sekunden möglich ist, war vor rund 200 Jahren ein aufwendiges Unterfangen.

Mit Hilfe von Pferdekutschen wurden bei Ebbe Postlieferungen zwischen Norderney und der Stadt Norden auf dem Festland über das Wattenmeer transportiert. An diese Zeiten erinnern noch heute der Alte Postweg und die Postbake (siehe Ort 74). Die 1824 in der Innenstadt errichtete kleine Poststation war anfangs nur während der Sommermonate geöffnet, da sich der Betrieb nur lohnte, wenn Gäste auf der Insel waren. In den 1870er Jahren hielt dann die Moderne Einzug, und die ersten Dampfschiffe beförderten die Post nun ganzjährig von Norderney zur Küste und zurück. Die Insel benötigte eine größere Poststation, und so ließ die Kaiserliche Postdirektion Oldenburg 1892 das Kaiserliche Postamt erbauen. Zu dieser Zeit wurde das Deutsche Reich von Kaiser Wilhelm II. regiert.

Architektonisch hob sich das Gebäude in der Poststraße schon damals sehr von der üblichen Bauweise auf der Insel ab, da es mit seiner aufwendigen Bemalung und der detailreichen Ziegelverzierung die moderne Architektur des 19. und des beginnenden 20. Jahrhunderts widerspiegelte. Dabei ist besonders der Giebel, verziert mit dem Kaiseradler, dem Wappen des Kaiserreichs, ein Hingucker.

Seit 1989 steht das Gebäude unter Denkmalschutz. Als Postamt dient es nicht mehr, seit im Jahr 2008 ein Post- und Paketzentrum im Norderneyer Gewerbegebiet eingerichtet wurde. Das ehemalige Kaiserliche Postamt wird heute als Wohn- und Geschäftshaus genutzt. Abends und nachts wird das beeindruckende Gebäude aus der Kaiserzeit angestrahlt.

**Adresse** Poststraße 1, 26548 Norderney | **ÖPNV** Linie 1, Haltestelle Kurplatz | **Tipp** Es muss ja nicht immer ein Brief oder eine E-Mail sein. Werfen Sie doch einfach mal eine Flaschenpost ins Meer. Es wäre nicht das erste Mal, wenn Sie hierauf tatsächlich eine Antwort bekämen.

# 49 _ Die Kaiserwiese

*Ruhepol und Küstenschutz zugleich*

Wer auf der Kaiserwiese eine kleine Pause einlegt, mit den Kindern herumtollt oder einfach nur der Sonne entgegenblinzelt, der befindet sich an einem Platz, der seinem Namen alle Ehre macht. Die Kaiserwiese zwischen Milchbar und Hotel Georgshöhe befindet sich an der gleichnamigen Straße. Sie war früher die sogenannte Prachtstraße mit Hotels und Logierhäusern. Erste Bauaufzeichnungen stammen aus den Jahren nach 1871. Die Seefronten entstanden bis 1882. Noble Hotels wie Kaiserhof und Europäischer Hof mussten später Zweckbauten weichen, in denen teilweise Zweitwohnungen eingerichtet wurden. Auch andere Häuser haben ihre ehemals vorhandene prächtige Architektur aus der wilhelminischen Epoche verloren, wenngleich sich dort nach wie vor gediegene und ansehnliche Beherbergungsbetriebe befinden.

Die Sturmfluten im Februar 1962 und im Januar 1976 richteten schwere Schäden am Deckwerk vor der Kaiserstraße an. Um ein Überlaufen der Wellen zu verhindern, wurde die Kaiserwiese zunächst erhöht, wissen die Chronisten. Schon bei leichten Sturmfluten auftretende Schäden am Deckwerk sowie die Ergebnisse von Modelluntersuchungen, wonach bei schweren Sturmfluten mit schweren Schäden und erheblichem Wellenüberlauf zu rechnen ist, machten den Ausbau und die Sanierung des Deckwerks und der Promenade notwendig. Die Erhöhung der Kaiserwiese 2003 und der Bau von Schwallmauern parallel zur oberen Promenade sowie sogenannten Kronenmauern sollen den Wellenüberlauf verhindern.

Der am stärksten belastete Teil des Deckwerks liegt im Bereich der Georgshöhe. Experten schätzen: Umgerechnet auf die Dauer einer Sturmflut würden über diesen etwa 300 Meter langen Teilabschnitt annähernd 400.000 Kubikmeter Wasser in das Stadtgebiet fließen. Damit erfüllt die Kaiserwiese gleich zwei sehr wichtige Voraussetzungen: Sie ist famos gelegener Ruhepunkt und Küstenschutzanlage zugleich.

**Adresse** Kaiserwiese, 26548 Norderney | **ÖPNV** Linie 1, Haltestelle Kaiserstraße / Bismarck-straße | **Tipp** Auf der Kaiserwiese befinden sich etliche Strandkörbe. Diese eignen sich vorzüglich zum Lesen eines Buches oder einfach nur zum Verschnaufen mit Blick aufs Meer.

# 50 Das Kap

*Bescheidenes Wahrzeichen im Zeichen der Seefahrt*

Dem Norderneyer Kap darf man getrost ein Höchstmaß an Bescheidenheit attestieren. Denn wenn man sich vor Augen hält, dass es eigentlich das Wahrzeichen der Insel ist, dann hat es in den vergangenen Jahrzehnten nicht nur in seiner Bedeutung, sondern auch als Blickfang arg in den Hintergrund treten müssen.

Ursprünglich war das Kap nicht mehr als ein Balkengerüst, das die Form einer Pyramide besaß. Emder Kaufleute regten 1848 den Bau an, um der Schifffahrt Orientierung zu geben und damit zu helfen, Unfälle zu vermeiden. Die sturmuntaugliche hölzerne Konstruktion wurde 1871 durch einen Bau aus Ziegelsteinen ersetzt. Die Salzluft setzte diesem wiederum derart zu, dass er 1930 abgetragen und durch einen Neubau in gleicher Architektur ersetzt werden musste. Ein Leuchtfeuer, also eine Blüse, die den Schiffen auch bei Nacht den Weg zeigen sollte, wurde hier allerdings nie entzündet.

Da die Insel damals weder stark bebaut noch bewaldet war, erkannten Seefahrer die Bake vom Meer aus gut. Mittlerweile fristet sie ein eher zurückgezogenes Dasein, zahlreiche Gebäude haben sie in der Größe längst überflügelt.

Beim Kap handelt es sich um eine 13 Meter hohe Bake, die sich am Ostrand der Stadt unweit der Nordhelmsiedlung befindet. Der Unterbau ist sechseckig. Darauf ist ein auf dem Kopf stehendes Holzdreieck montiert. Seit dem 10. Juli 1928 wird das Kap auch als Wappenzeichen der Stadt Norderney verwendet.

Natürlich hat der Zahn der Zeit tüchtig am Kap genagt. Da Teile des Mauerwerks herauszubrechen drohten, wurde es 2014 gesperrt. Anschließend ließ man es aufgrund der enormen Verwitterung der Mörtelfugen einrüsten und für umfangreiche Ausbesserungsarbeiten herrichten. Dann aber machten die Norderneyer Nägel mit Köpfen, indem sie Abriss und originalgetreuen Wiederaufbau folgen ließen. Dieses Projekt ließ sich die Stadt Norderney rund 360.000 Euro kosten.

**Adresse** Bürgermeister-Willi-Lührs-Straße, 26548 Norderney | **ÖPNV** Linie 3, Haltestelle Bürgermeister-Willi-Lührs-Straße | **Tipp** Gleich gegenüber befindet sich der 2016 neu errichtete »Spielplatz Am Kap«. Hier können Kinder nach Herzenslust toben.

# 51 Die Kirche Stella Maris

*Eine der größten katholischen Kirche Ostfrieslands*

Stella Maris – der Stern des Meeres – ist in der katholischen Kirche eine Anrufung Marias, unter der sie die Schutzpatronin und den richtungsweisenden Stern der Seeleute symbolisiert. So ist es nicht verwunderlich, dass die zweite römisch-katholische Kirche auf Norderney nach ihr benannt wurde (die erste ist nach dem heiligen Ludgerus benannt). Die Inselkirche im Westen Norderneys bietet etwa 400 Menschen Platz und ist damit nicht nur deutlich größer als Sankt Ludgerus, sondern ist auch eine der größten katholischen Kirchen in ganz Ostfriesland.

Stella Maris wurde 1931 nach den Plänen des Kölner Architekten und innovativen Kirchenbauers Dominikus Böhm errichtet. Durch die steigende Anzahl der Kurgäste, von denen ein Großteil katholisch war, bot die Kirche Sankt Ludgerus vor allem in den Sommermonaten nicht mehr genügend Platz. Stella Maris wurde zunächst ohne Heizung gebaut und als reine Sommerkirche genutzt. Erst seit den Umbauten 1980 ist sie beheizt und damit ganzjährig nutzbar.

Die Inselkirche Stella Maris ist im Stil der Neuen Sachlichkeit erbaut worden und fällt durch die großflächigen weißen Putzfassaden, die sehr kleinen Fenster und das Pultdach auf. Dadurch ist der Bau besonders für eine katholische Kirche sehr innovativ und auf den ersten Blick gar nicht als Kirche zu erkennen. Im Prinzip weist nur das große Holzkreuz vor der Eingangstür das Gebäude als Kirche aus. Stella Maris war zur Zeit ihrer Errichtung eines der modernsten Gebäude auf der Insel.

Ein besonderer Hingucker im Inneren der Stella Maris ist das große Ölgemälde des deutschen Malers Richard Seewald (1889–1976). Es hängt über dem Altar und zeigt die Insel Norderney mit dem Leuchtturm in der Mitte unter dem Schutz der Kirchenpatronin Maria.

Heute umfasst die katholische Pfarrgemeinde auf Norderney etwa 1.100 Menschen, und in der Inselkirche Stella Maris wird jeden Sonntag die Eucharistie gefeiert.

**Adresse** Goebenstraße 1a, 26548 Norderney | **ÖPNV** Linie 1, Haltestelle Bismarckstraße | **Öffnungszeiten** Mi 11–12 Uhr, Fr 16–17 Uhr, Sa 11–12 Uhr | **Tipp** Eine nette Erholung vom Kulturbummel durch die Stadt erfährt man ganz in der Nähe im Restaurant Friesenschänke, Friedrichstraße 34.

# 52 Das Klamottendenkmal

*Schwere Spenden zu Ehren des Kaisers*

Was ist denn ein Klamottendenkmal? Meißeln die Insulaner jetzt schon ihre bestangezogenen Bewohner in Stein? Aber auch wenn Mode auf Norderney eine große Rolle spielt, hat dieses Denkmal nichts mit Textilien zu tun. Der Begriff »Klamotten« steht erst seit dem 20. Jahrhundert für Bekleidung. Ursprünglich sind damit in der Umgangs- und Gaunersprache zerbrochene Mauersteine gemeint. Und aus genau diesen besteht der Obelisk an der Bismarckstraße. Das 13 Meter hohe und etwa 2.000 Tonnen schwere Denkmal besteht aus 75 unterschiedlich großen, von verschiedenen Städten und Provinzen gespendeten Steinen. Es wurde 1898 zu Ehren des deutschen Kaisers Wilhelm I. und zur Erinnerung an die Reichseinigung 1871 errichtet und heißt offiziell Kaiser-Wilhelm-Denkmal.

Der erste Entwurf stammte eigentlich von dem deutschen Architekten Paul Wallot (1841–1912), der auch das Reichstagsgebäude in Berlin konstruiert hat. Da die Kosten für das Denkmal nach diesem Entwurf aber zu hoch waren, bat die Stadt Norderney die einzelnen Städte, für das Kaiserdenkmal zu spenden, und gab den Auftrag weiter an den Hannoveraner Bildhauer Georg Küsthardt, der den Obelisken in etwas vereinfachter Form zusammensetzte.

In die Steine sind jeweils die Namen ihrer Spenderstädte eingraviert. Den größten und schwersten Stein, der allein sechs Tonnen wiegt, spendete die damalige Reichshauptstadt Berlin. Besonders erwähnenswert sind die Kölner Spende, die aus der Stadtmauer des 12. Jahrhunderts stammt, und der Stein aus Frankfurt am Main, der ein Teil des Rathauses »Römer« war.

Die ursprünglich an der Nordseite des Denkmals befindliche bronzene Büste von Kaiser Wilhelm wurde im Ersten Weltkrieg eingeschmolzen und 1938 durch eine steinerne Möwe ersetzt.

Und das Klamottendenkmal wächst weiter: Einige Inselgäste haben bereits kleine Steine aus ihrer Heimat mitgebracht und dem Bau hinzugefügt.

**Adresse** Friedrichstraße, Ecke Herrenpfad, 26548 Norderney | **ÖPNV** Linie 1, Haltestelle Moltkestraße | **Tipp** Einen Steinwurf entfernt gibt es das »Friedrich« (Friedrichstraße 18). Hier findet der Gast eine flippige Kombination aus Café und Ferienwohnungen.

# 53  Das Köpi
*Schwarz-gelbe Spendierhosen*

Das Köpi, auch Freddy's kleine Kneipe genannt, befindet sich in der Friedrichstraße und führt nur scheinbar ein zurückhaltendes Dasein. Denn man kann die Uhr danach stellen: Immer wenn die Schwarz-Gelben den Rasen betreten, beginnt in der Kultkneipe das große Brodeln. Dann versammeln sich die Dortmund-Fans, um ihrem Club die Daumen zu drücken.

Die gute Seele des Köpi ist Freddy Dippel, der als junger Kellner 1973 das erste Mal Norderney betrat und das Lokal 1994 eröffnete. Das Besondere am Köpi: Es ist der Stammsitz des 1995 gegründeten BVB-Fanclubs. Und auch das ist noch nicht alles. Denn dieser Fanclub macht auch schon mal überregional Schlagzeilen, weil er sich unter der schwarz-gelben Flagge von Borussia Dortmund vor allem für die Jugend auf Norderney engagiert – im sportlichen und im sozialen Bereich.

Seit Gründung des Clubs schütteten die Köpi-Akteure mehr als 60.000 Euro an soziale Einrichtungen auf Norderney aus. Und immer sind es Vereinigungen, die sich mit Norderneyer Kindern und Jugendlichen beschäftigen. Bei jeder Jahreshauptversammlung stellen in Frage kommende Vereine oder Verbände ihre Spendenanträge persönlich vor, und im Anschluss wird durch Mehrheitsbeschluss darüber abgestimmt.

Profitiert haben davon bislang unter anderem die Jugendabteilung des TuS Norderney, die Jugendfeuerwehr, die Jugendabteilungen des Deutschen Roten Kreuzes und der Deutschen Gesellschaft zur Rettung Schiffbrüchiger und die Insel-Kindergärten. Mit den teils vierstelligen Spenden wurden zum Beispiel Trikotsätze oder Musikinstrumente angeschafft.

Der BVB-Fanclub zählt rund 200 Mitglieder. Wie sehr das Engagement in der »Zentrale« der Borussia geschätzt wird, zeigt allein die Tatsache, dass der BVB zum 20-jährigen Bestehen 2015 Fußballlegende Siegfried »Siggi« Held zum Festakt entsandte.

**Adresse** Friedrichstraße 12, 26548 Norderney | **ÖPNV** Linie 1, Haltestelle Kurplatz | **Öffnungszeiten** 16–0 Uhr | **Tipp** Die kleine Kneipentour kann man getrost in der Poststraße fortsetzen, dort befindet sich unter anderem das »Furys«, ein angesagtes Musik- und Cocktaillokal.

# 54_ Die Kunstwände

*Inspiration in wechselndem Rhythmus*

Nicht nur gepflegte und reichliche Konversation wird hier betrieben, auch Kunst und Kultur haben an diesem Ort ihren fest verankerten Stellenwert. Ein Garant dafür sind die Kunstwände im Conversationshaus, dem Dreh- und Angelpunkt des gesellschaftlichen, kulturellen und politischen Lebens auf Norderney.

Seit 2009 organisiert Annette Krumme, selbst Malerin und ehemalige Atelierkünstlerin, die Wechselausstellungen in der Orangerie des Conversationshauses. Der Bogen des dortigen Angebots ist weit gespannt, reichen die Arbeiten der Künstler doch von Malerei über Fotografie bis zu experimenteller Bildhauerei. Im Abstand von drei bis sechs Wochen wechseln die Expositionen der Künstler, die nicht nur regional ansässig sind, sondern aus dem gesamten Bundesgebiet und darüber hinaus immer wieder gern auf die Insel kommen. Die Gelegenheit, an den Kulturwänden des Norderneyer Conversationshauses auch großformatige Arbeiten zu zeigen, bedeutet für viele Kunstschaffende eine besondere Herausforderung und eine große Chance zugleich. Zudem wissen sie, dass sich die Orangerie, in der sich auch die Tourismus-Info der Urlaubsinsel befindet, eines enormen Publikumsverkehrs erfreut. Hunderte Besucher aus ganz Deutschland sowie vermehrt internationales Publikum steuern diesen Ort Tag für Tag an.

Für die Kurverwaltung, unter deren Regie die Kunstausstellungen stehen, bedeuten die Kulturwände nicht nur die Gewissheit von qualitativ hochwertiger Kunst, sondern auch regelmäßig wechselnde Optik.

Nicht nur äußerst namhafte Künstler wie der Argentinier Ricardo Fuhrmann, der renommierte Kunstmaler Ole West oder die international anerkannte und im Genre der Marinemalerei angesiedelte Heinke Böhnert haben an den Kulturwänden bereits ihre Visitenkarten hinterlassen, auch Studierende aus ganz Deutschland bereichern den Raum und probieren sich aus.

**Adresse** Kurplatz 1, 26548 Norderney | **ÖPNV** Linie 1, Haltestelle Kurplatz | **Öffnungs-
zeiten** Mo–So 10–19 Uhr | **Tipp** In Sachen Kunst haben auch die ostfriesischen Küsten-
städte einiges zu bieten. In Norden gibt es beispielsweise die Galerie im Rathaus, Am
Markt 15. Öffnungszeiten Mo, Di, Mi, Fr 8.30–12.30 Uhr, Do 14.30–16 Uhr.

# 55 Die Kur-Apotheke

*Wo schon Fontane einkaufte*

Sie ist die älteste Apotheke auf der Insel Norderney. Bereits 1880 von dem aus Nesse stammenden Apotheker O. J. Ommen gegründet, versorgt die Kur-Apotheke die Insulaner und ihre (Kur-)Gäste nun schon seit mehr als 100 Jahren mit Arzneimitteln und Medizinprodukten.

Neben den größtenteils sehr viel moderneren Bauwerken in der Norderneyer Innenstadt fällt das historische Gebäude der Kur-Apotheke sofort ins Auge: roter Ziegel, dazu auffällige Tür- und Fensterumrandungen aus weißem Putz. Der Eingang zur Apotheke befindet sich in einem eckigen, das Gebäude überragenden Turm, der in der ersten Etage mit einem weißen Erker geschmückt ist. Das Bauwerk in seiner heutigen Form wurde 1897 vom damaligen Leiter der Apotheke, P. Piekenbrock, im Stil des späten Klassizismus erbaut. Auch die von Holz und warmen Farben geprägte Inneneinrichtung der Kur-Apotheke zeigt, dass hier noch besonderer Wert auf Tradition gelegt wird. Die heutigen Besitzerinnen, Antje Kürten und Elgin Wondratschek, möchten sich bewusst von dem oft kühlen und sterilen Ambiente moderner Apotheken abgrenzen und den Charme der historischen Kur-Apotheke in der Kirchstraße bewahren.

Die Kur-Apotheke hatte bereits in den ersten Jahren nach ihrer Gründung einen weltberühmten Gast: Der deutsche Schriftsteller Theodor Fontane (siehe Ort 76), selbst gelernter Apotheker, kehrte bei seinem Aufenthalt auf Norderney 1883 als Erstes in die Kur-Apotheke ein. Aus einem Briefwechsel mit seiner Frau Emilie Fontane geht hervor, dass er dabei vom Apotheker Ommen, einem »stattlichen Friesen von Bildung, Manieren und Distinktion«, erkannt wurde. Dieser schien ein großer Bewunderer des Schriftstellers zu sein und lobte ihn derart, dass Fontane seiner Gattin schrieb: »sodaß ich die Apotheke mit dem Gefühl verließ, den größten Triumph meines Lebens erlebt zu haben.«

**Adresse** Kirchstraße 12, 26548 Norderney | **ÖPNV** Linie 1, Haltestelle Kurplatz | **Öffnungs-zeiten** Mo–Fr 8–13 und 15–18.30 Uhr, Sa 8–13 Uhr | **Tipp** Gäste mit gesundheitlichen Problemen sind im Notfall im Krankenhaus (Lippestraße 9) gut versorgt. In dieser Einrichtung befinden sich auch die Hautklinik und das Dialysezentrum.

# 56 Das Kurtheater

*Das einzige Theater auf den Ostfriesischen Inseln*

Norderney hat ein kulturelles Alleinstellungsmerkmal: Sie ist die einzige der sieben Ostfriesischen Inseln, die ein Theater besitzt. Das Norderneyer Kurtheater, das 1893 erbaut wurde und somit außerdem eines der ältesten in ganz Ostfriesland ist, liegt mitten im Stadtzentrum am Kurplatz. 1975 wurde an das bis dahin frei stehende Gebäude ein Neubau angeschlossen. Im »Haus der Insel« gibt es mehrere große und kleine Veranstaltungsräume, in denen sich Vereine und Verbände versammeln und der Stadtrat sowie diverse Ausschüsse tagen.

Das Kurtheater, das seit 1987 unter Denkmalschutz steht, bietet 363 Sitzplätze. Charakteristisch für das Theater sind die im alten Stil mit rotem Cordsamt bezogenen Sitze. Seit 1923 wird es auch als Kino genutzt und ist Austragungsort des Internationalen Filmfests Emden-Norderney. Das historische Norderneyer Kurtheater ist außerdem Spielstätte der Landesbühne Niedersachsen Nord und des Laientheaters Norderney. Der Norderneyer Heimatverein veranstaltet hier regelmäßig Heimatabende.

Das Kur-Theater, wie es sich zur Zeit seiner Erbauung schrieb, entstand im Garten eines Hotels am Kurplatz. Den Anstoß dafür gab damals der Hotelier Gustav Weidemann, der seit 1878 das »Deutsche Haus« leitete. Unter der Aufsicht des Hannoveraner Architekten Johannes Holekamp entstand für etwa 80.000 Mark ein Bauwerk im Stil des Spätklassizismus, wobei Holekamp sich, wenn auch in wesentlich kleineren Dimensionen, am Opernhaus in Hannover orientierte. Mit der Komödie »Der Herr Senator« von Franz von Schönthan und Gustav Kadelburg wurde das Kurtheater im Sommer 1894 feierlich eröffnet.

Während des Ersten Weltkriegs und in den Jahren danach kam der Theaterbetrieb auf der Insel wie auch der Tourismus und der Badebetrieb fast gänzlich zum Erliegen. Obwohl Norderney im Zweiten Weltkrieg erneut zur Seefestung ausgebaut wurde, lief der Betrieb im Kurtheater diesmal weiter.

**Adresse** Am Kurtheater 4, 26548 Norderney | **ÖPNV** Linie 1, Haltestelle Kurplatz | **Öffnungszeiten** nach Programm, Infos in der Tagespresse | **Tipp** Wer sich im Frühsommer auf Norderney aufhält, der sollte die hochkarätigen Veranstaltungen des Filmfests Emden-Norderney nicht verpassen. Im Kurtheater kommen Jahr für Jahr – oft in Anwesenheit prominenter Schauspieler – preisgekrönte Filme zur Aufführung.

# 57 Der Leuchtturm bei Nacht

*Lichterkranz am Sternenhimmel*

»Norderney, auf dem nördlichen Ende der großen Düne, südöstlich von den sogenannten weißen Dünen. Ein weißes Funkelfeuer mit Blinken von 10 zu 10 Sekunden, den ganzen Horizont beleuchtend.« Schon der Bauinspektor Adolf Tolle war 1874 von dem speziellen Leuchtapparat des Norderneyer Leuchtturms begeistert. Heute noch ist der Lichterkranz das eigentliche Highlight des Seezeichens. Auch ohne die 254 Stufen zur Aussichtsplattform zu erklimmen, von der man, zugegeben, einen gigantischen Weitblick über die Insel und das Wattenmeer hat, übt das Seezeichen bei Nacht vom Boden aus eine ganz eigene Faszination aus. Hinter dem beeindruckenden Lichtspiel steht eine weltweit einzigartige, von einer Pariser Firma als Reparationszahlung für den Sieg über Frankreich 1871 gelieferte Leuchtfeuertechnik: Das Licht einer elektrischen Lampe wird durch eine etwa drei mal zwei Meter große, drei Tonnen schwere Drehlinsenleuchte verstärkt. Sie besteht aus über 1.000 geschliffenen Prismen und kann 24 Strahlen gleichzeitig in den Nachthimmel schicken. Das Leuchtfeuer strahlt 40 Kilometer (etwa 20 Seemeilen) über das Meer.

Im Auftrag der königlichen Direktion des Wasserbaus zu Norden errichtete ein Leeraner Bauunternehmen von 1871 bis 1874 den Leuchtturm für etwa 200.000 Goldmark. Er ist mit einer Höhe von knapp 60 Metern das höchste Bauwerk der Insel. Der Standpunkt des Leuchtturms auf einer etwa zehn Meter hohen Düne mitten auf der Insel wurde nicht zufällig gewählt. An dieser Stelle ist die Insel nur rund drei Kilometer vom Festland entfernt, von dem das Baumaterial im 19. Jahrhundert noch mit Kutschen durch das Watt nach Norderney geschafft werden musste. Der Leuchtturm löste das 1849 errichtete Kap (siehe Ort 50) als offizielles Erkennungszeichen ab und fungiert nunmehr seit über 140 Jahren als Seezeichen und Orientierungsfeuer für die Schifffahrt.

**Adresse** Am Leuchtturm, 26548 Norderney | **ÖPNV** Linie 4, Haltestelle Leuchtturm | **Öffnungszeiten** 1. März–31. Okt. Mo–So 14–16 Uhr, bei schönem Wetter erweiterte Öffnungszeiten | **Tipp** Von der Aussichtsplattform des Leuchtturms kann man einen ausgedehnten Blick über das komplette Wattgebiet, die Stadt und die Strände werfen.

# 58__Die Luisenruh

*Ein Spülfeld für die Schönheit*

Wer schön sein möchte, der muss leiden. Dieser platte Spruch ist so alt wie das Bedürfnis der Menschen, gepflegt und vor allem auch gesund zu sein. Und dass die Pflege des Körpers und die damit verbundene Gesundheitsvorsorge – rein wirtschaftlich betrachtet – längst ein höchst interessantes Marktsegment ist, weiß ebenfalls jeder. Auch an dieser Stelle hat Norderney den Dreh raus. Warum nur in die Ferne schweifen, wenn das Gute liegt so nah?, dachte sich das Staatsbad-Management, als es sich die Luisenruh für ein ganz spezielles Projekt zunutze machte, nämlich für die Entnahme von Meeresschlick.

Dabei muss man wissen: Die Luisenruh ist eigentlich nicht mehr als ein still vor sich hin existierendes Spülfeld zwischen der Segelschule, dem Sportboothafen und der Hafenmole. Und genau dort gibt es den Norderneyer Schlick, das Naturprodukt mit heilender Wirkung. Der Heilschlick ist silbrig glänzend, besteht zu 50 Prozent aus Salzwasser sowie vielen organischen Substanzen und hat eine enorme Wirkkraft, versprechen nicht nur die Wellness-Spezialisten im Badehaus, sondern bestätigen auch viele äußerst zufriedene Probanden. Eingesetzt wird der echte Norderneyer Heilschlick in erster Linie bei Hauterkrankungen, Rheuma und Gelenkerkrankungen. »Geerntet« wird die glibbrige Masse direkt im Watt südlich von Norderney. Sorgen, dass den Insulanern der »Stoff« ausgeht, muss sich im Übrigen niemand machen. Es ist genügend vorhanden, Beschaffungsschwierigkeiten wird es in absehbarer Zeit nicht geben.

30 Gramm der schlickigen Kostbarkeit kosten übrigens 3,50 Euro. Anwenden kann sie jeder. Man muss sich dazu nicht unbedingt unter den fachkundigen Händen der Massagekünstler im Norderneyer Thalasso-Tempel befinden. Eine Rückenmassage mit Luisenruh-Schlick soll auch schon im vertrauten Kreis zu Hause reinste Wunder bewirkt haben …

**Adresse** Am Hafen, Höhe Tonnenhof, 26548 Norderney | **ÖPNV** Linie 1, Haltestelle Hafen | **Tipp** Die Pflegeprodukte aus dem Norderneyer Schlick gibt es beispielsweise im »Lädchen«, dem Souvenirladen der Kurverwaltung im Conversationshaus am Kurplatz, und im Badehaus.

# 59___Die Marienhöhe

*Königliche Kaffee- und Plauderstunden*

Königin Marie und Heinrich Heine. Wohlklingende Namen und außergewöhnliche Persönlichkeiten. Sowohl der Dichter als auch die Königin schätzten die Marienhöhe über alle Maßen. Immer im Blick: Die einmalige Sicht von der hohen Düne auf die raue Brandung der Nordsee und damit ebenso auf die schier unendliche Weite des Horizonts.

Heine erlebte um 1826 äußerst wichtige Schreibphasen auf Norderney und brachte dort sogar seinen »Nordsee-Zyklus« zu Papier; eine Abhandlung, die sich später als mitprägend für das Gesamtwerk erweisen sollte. In Königin Marie, die 1818 geboren wurde, besaß der Dichter eine prominente Verehrerin. Sie soll von Heines Schriften regelrecht fasziniert gewesen sein. Kein Wunder, dass König Georg V. von Hannover, Maries Ehemann, Norderney kurzerhand zur königlichen Sommerresidenz erklärte. Zwischen 1845 und 1850 ließ das Königspaar zu Heines Ehren den hölzernen Pavillon auf der Düne errichten. Fortan veranstalteten die Königin und ihr Hofstaat dort Kaffeestunden, Picknicks und kleine Feste. Selbstverständlich gehörten literarische und musikalische Einlagen zum festen Bestandteil.

Als Namensgeberin bleibt Königin Marie von Hannover auch in Zukunft mit dem Vorzeigeort verbunden. Dabei betonen die Betreiber des Edel-Cafés in dem Kontext mit Vorliebe die Verbindung von Genuss und Kultur im heimlichen Wahrzeichens Norderneys. Im Laufe der Jahrzehnte, inzwischen Jahrhunderte, hat die Marienhöhe sich schließlich zum festen und geschätzten Bestandteil des gesellschaftlichen und gastronomischen Lebens auf der Insel entwickelt.

Nach Pächterwechsel 2014 und Renovierung verfügt die Marienhöhe jetzt über 75 Innen- und 70 Außenplätze sowie über den nach wie vor allseits geschätzten 270-Grad-Blick über die Nordsee und einen Teil des Festlands. Sowohl die Königin als auch der Dichter wären sicher heute von einem Besuch alles andere als abgeneigt.

**Adresse** Damenpfad 42a, 26548 Norderney | **ÖPNV** Linie 1, Haltestelle Damenpfad | **Öffnungszeiten** Mi–Mo 12–22 Uhr | **Tipp** Ein kleiner Spaziergang in östliche Richtung. Dort stößt man auf eine 18-Loch-Dünen-Minigolfanlage.

# 60__Das Martin-Luther-Haus
*Treffpunkt der evangelischen Gemeinde*

»Auf böse und traurige Gedanken gehört ein gutes, fröhliches Lied und freundliche Gespräche«, sagte einst Martin Luther. Der Kirchenreformator aus Eisleben (1483–1546) ist der Namensgeber des Gemeindehauses der evangelisch-lutherischen Kirche auf Norderney, das einen Treffpunkt für ein lebendiges Gemeindeleben darstellt.

Das Martin-Luther-Haus in der Kirchstraße, direkt gegenüber der evangelischen Inselkirche (siehe Ort 45), fällt durch eine mehr als lebensgroße Zeichnung vom Reformator und den Schriftzug »Martin-Luther-Haus« auf seiner Fassade ins Auge. Im Inneren des Gemeindehauses befinden sich das Kirchenbüro (Sitz der Gemeinde- und Friedhofsverwaltung), Veranstaltungsräume und der »Weltladen«.

Der »Weltladen«, der seit 2014 im Martin-Luther-Haus zu finden ist, hat es sich zur Aufgabe gemacht, nur Produkte aus fairem Handel anzubieten. Das bedeutet, dass alle an der Herstellung eines Produkts Beteiligten gerecht entlohnt und nicht ausgebeutet werden. Zum »Weltladen« gehört auch eine kleine Küche, sodass man Gästen auch mal einen Kaffee anbieten und sie zum Verweilen einladen kann. Der »Weltladen« soll, wie das Gemeindehaus selbst, ein Ort der Kommunikation sein.

Die Gemeindemitglieder veranstalten im Martin-Luther-Haus regelmäßig einen Bücherbasar, auf dem sowohl Bücher als auch Handarbeiten angeboten werden. Der Erlös wird gespendet. Im Gemeindehaus treffen sich diverse Gruppen zum Austausch und zur gemeinsamen Aktivität, so beispielsweise der Männer- und der Frauenkreis, die Selbsthilfegruppe »Pflegende Angehörige« sowie der Handarbeitskreis. Auch die »Kirche für Kinder« und das »Erzählcafé« sind Veranstaltungen, die regelmäßig von der evangelisch-lutherischen Gemeinde angeboten werden.

Mit dem einen oder anderen fröhlichen Lied und freundlichen Gesprächen wird hier ganz im Sinne von Martin Luther das Gemeindeleben gefeiert, und Gäste sind jederzeit herzlich willkommen.

**Adresse** Kirchstraße 11, 26548 Norderney | **ÖPNV** Linie 1, Haltestelle Kurplatz |
**Öffnungszeiten** Kirchenbüro Di und Mi 15–17 Uhr | **Tipp** In der Inselkirche gegenüber
dem Martin-Luther-Haus finden häufig teils hochkarätige Orgelkonzerte statt.
Informationen dazu in der Tagespresse oder unter Tel. 04932/927210.

# 61__Meeresleuchten im Badehaus

*Die ganz besondere Inselnacht*

Ja. Es ist ein außergewöhnliches Erlebnis: Sanftes Kerzenlicht erhellt vorsichtig den Raum. Höchst entspannende Livemusik trifft gleichzeitig türkisfarbene Wasserschwingungen. Wärme breitet sich aus und taucht ein in Körper und Seele. Das Norderneyer Badehaus strahlt in einer magischen Aura – das Meer beginnt zu leuchten. Nicht nur Werbetexter drohen an der Stelle den Halt zu verlieren, jeder, der es einmal erlebt hat, gerät ins Schwärmen.

Beim Meeresleuchten im Badehaus Norderney, dem größten Thalassohaus Europas, erwartet die Besucher tatsächlich ein Höhepunkt ihres Inselaufenthalts.

Thalasso, das Zusammenspiel von heilenden Meersalzen und sanfter Bewegung: Da vergeben nicht nur die Marketingstrategen der Kurverwaltung Bestnoten; die positiven Rückmeldungen der Gäste sprechen ihre eigene Sprache. Kein Zweifel: Livemusik, Kerzenschein, Schlickpeeling, Honiganwendung im Dampfbad und sanft plätscherndes, wohliges Nordseewasser – das ist die Formel, aus der Inselnächte der besonderen Art gezaubert werden.

Überhaupt setzt das Tourismusmanagement des Staatsbads Norderney auf Qualität. Immerhin hat man sich ein äußerst ehrgeiziges Ziel gesetzt, denn spätestens 2020 soll die Insel Norderney Europas Thalasso-Adresse Nummer eins sein. Das jetzige Badehaus, entstanden aus einem schnöden Hallenwellenbad der 1970er Jahre, hat sich in dem Kontext längst zur Top-Anlaufstation der Feriengäste entwickelt. Ursprünglich ist es ohnehin Deutschlands ältestes Meerwasserhallenbad. Es verfügt mittlerweile über eine Wasserfläche von 800 Quadratmetern. 2012 wurde es für rund drei Millionen Euro ein weiteres Mal umgebaut. Eine besondere Attraktion stellt die sogenannte Waschstraße dar, die als lang gestreckter, offener Raum unterschiedliche Duschen und wasserverspritzende Anlagen aufnimmt.

**Adresse** Kurplatz 2, 26548 Norderney | **ÖPNV** Linie 1, Haltestelle Weststrand/Kurplatz |
**Öffnungszeiten** Mo–So 9.30–21.30 Uhr | **Tipp** Wer eine gute Kameraausrüstung hat,
der kann sich bei klarem Himmel abends auf den Weg machen, um den Sternenhimmel
zu fotografieren. In Verbindung mit Strand und Brandung ergeben sich famose Motive.

# 62 Die Menger-Büste

*Bronzene Erinnerung an einen großen Mediziner*

Klimatherapie in allen Facetten. Man kann mit Fug und Recht sagen, dass Norderney heute weitgehend davon lebt. Besonders die Stadtoberen wissen das. Deshalb haben sie eine Bronzebüste aufgestellt, die einen bescheidenen, aber äußerst klugen und weitblickenden Mann ehrt: Professor Dr. Wolfgang Menger (1919–2006). Das Kunstwerk des Bildhauers Johann Brunner befindet sich seit Oktober 2007 im Foyer des Badehauses, wo auch ein Saal nach dem Mediziner benannt wurde.

»Wir ehren hier einen Mann und Mitbürger, der sich große Verdienste als Mediziner und als Humanist erworben hat«, hatte der damalige Bürgermeister Ludwig Salverius betont. Mengers Forschungsarbeit habe wesentlich dazu beigetragen, dass Heilung für bestimmte Krankheitsbilder und die Kur am Meer eine wissenschaftliche Grundlage bekommen hätten.

Tatsächlich hat die Lehre Mengers europaweit Anerkennung gefunden. Die Klimatherapie, also in diesem Fall die Wirkung von salzhaltiger Luft auf Haut und Atemwege, gilt als die Abhärtungstherapie zur Gesundheitsförderung. Dabei wird auf Norderney seit Jahrzehnten bei Luft- und Seebädern auf die Energie des Meeres vertraut. Man spricht hier auch gern von Thalasso, so die griechische Bezeichnung für die Kraft des Meeres.

Der therapeutische Prozess wird bei der Therapie unmittelbar in Bewegung gesetzt, erste Erfolge sind sofort sichtbar: gut durchblutete, straffe Haut, schneller Atem, rote Wangen. Und tatsächlich: Der Körper schüttet Glückshormone aus. Die euphorisierende Wirkung ist ebenso nachgewiesen wie die Nachhaltigkeit. Viele Teilnehmer von Thalasso-Kursen werfen am Meer nicht nur die Textilien ab, sondern auch alle psychischen Belastungen.

Auf der Insel gibt es zahlreiche Klimatherapeuten, die Seminare anbieten. Zuvor sollte es ein kurzes Gespräch mit dem Hausarzt geben. Dann aber steht der Menger'schen Glückstherapie nichts im Wege!

**Adresse** Kurplatz 2, 26548 Norderney | **ÖPNV** Linie 1, Haltestelle Weststrand / Kurplatz | **Tipp** Die Kurverwaltung bietet in Sachen Klimatherapie und Gesundheitsurlaub regelmäßig Vorträge an. Informationen dazu gibt es in den lokalen Tageszeitungen und im Internet unter www.norderney.de.

Prof. Dr. med.

Wolfgang

Menger

# 63 __ Die Milchbar

*Wo Blank & Jones auflegen*

Hat sie ihn nun oder nicht? Um den Titel »schönster Sonnenuntergang auf Norderney« bewerben sich viele Lokale und Orte auf der Insel. Die Milchbar spielt jedenfalls ganz vorn mit. Und wenn sie nicht den schönsten Sonnenuntergang zu bieten hat, dann auf jeden Fall den coolsten. Die Milchbar ist das Szenelokal auf Norderney, »the place to be« an der Strandpromenade. Der historische Strandpavillon mit dem modernen Glasanbau bietet eine 270-Grad-Panorama-Aussicht auf den Strand und das Meer.

Der Pavillon der heutigen Milchbar war, nach einem Entwurf des Berliner Architekten Professor Bruno Paul, ursprünglich mit einem Kegeldach versehen. Im Gebäude befand sich zeitweise die Lesehalle des Berliner Scherl-Verlags, des Herausgebers des »Berliner Anzeiger«. Unter der englischen Besatzungsmacht wurde die Milchbar von 1945 bis 1951 »Tea- and Coffeeroom« und »Military church« genannt.

Heute präsentiert sich die Milchbar am Mittag als Restaurant, nachmittags als Bistro und Kaffeehaus, um dann abends zu Lifestyle-Lounge und Club zu werden. Die Location am Damenpfad hat viele Facetten, aber eines bleibt den ganzen Tag: die entspannte Atmosphäre. Hier soll relaxed und gechillt werden, ob drinnen am Kamin beim Kaffee oder draußen auf der Terrasse beim kühlen Cocktail. Immer mit dabei, meist im Hintergrund, aber auch ab und zu als Hauptact: die Musik von Blank & Jones. Das Kölner DJ- und Produzenten-Duo ist regelmäßig zu Gast im Szenelokal auf Norderney. Die Klangexperten der Lounge- und Chill-out-Musik sind zum Markenzeichen der Milchbar geworden. Jährlich erscheint die Milchbar Seaside Season, ein eigens für die Milchbar produziertes Album der Musiker. Weit über die Grenzen der Insel hinaus bekannt sind die Live-Events von Blank & Jones auf der Terrasse der Milchbar. Hier legen Piet Blank und Jaspa Jones regelmäßig zur Release-Party ihrer neuen Platte und zur »Summer Session« auf.

**Adresse** Damenpfad 33, 26548 Norderney | **ÖPNV** Linie 1, Haltestelle Milchbar | **Öffnungszeiten** Do–Di 10–23 Uhr | **Tipp** Wer im Milchbar-Style wohnen will, sollte sich im Inselloft einquartieren. Infos unter www.inselloft-norderney.de.

# 64\_Die Möwendüne

*Vom Seezeichen zum Wanderziel*

Die pyramidenförmige Bake auf der Möwendüne fällt Wanderern durch das auffällige Dreieckstoppzeichen mit der Spitze nach unten schon von Weitem in den Blick. Die Peilbake diente früher als Seezeichen für die Schifffahrt. Heute wird sie hauptsächlich als Aussichtspunkt für Besucher und zusätzlich als wichtiger Orientierungspunkt für Wattwanderer genutzt. Sie bietet einen famosen Überblick über die gesamte Norderneyer Dünenlandschaft. Die Bake ist etwa zehn Meter hoch und wurde 1960 errichtet.

Die Möwendüne befindet sich fast am östlichen Inselende von Norderney und damit bereits in Sichtweite der Nachbarinsel Baltrum. Sie ist vom Ostheller aus nur zu Fuß zu erreichen. Auch mit dem Fahrrad darf dieses lohnende, aber mit einigen Anstrengungen verbundene Wanderziel nicht erkundet werden. Die Wanderstrecke, die am Parkplatz Ostheller beginnt, wird oft unterschätzt. Sie ist alles andere als ein Spaziergang, auch wenn die Entfernungsangabe von 5,5 Kilometern auf den ersten Blick überschaubar erscheint. Aber Achtung: Das ist die Entfernung Luftlinie, doch durch das Polderland mit seinen Prielen und Graudünen geht man keineswegs immer geradeaus, sondern in ständigem Zickzack. Je nach Jahreszeit und Naturgegebenheiten müssen auch Umwege einkalkuliert werden.

Der Name Möwendüne hat sich auf der Insel schon vor vielen Jahren eingebürgert, weil dort im Sommer zahlreiche Möwen brüten, insbesondere Silbermöwen, Sturmmöwen und Heringsmöwen. Während der Brutzeit sind die Tiere durchaus angriffslustig. Besucher des Gebietes sollten auf ihren Wanderungen also vorsichtig und leise sein und sich davor hüten, den Tieren zu nahe zu kommen.

Viele Einheimische erzählen gern davon, wie sie als Kinder und Jugendliche auf und um die Möwendüne herum gespielt oder sogar dort übernachtet haben. Zum Abendessen soll es dann gebratene Möweneier gegeben haben …

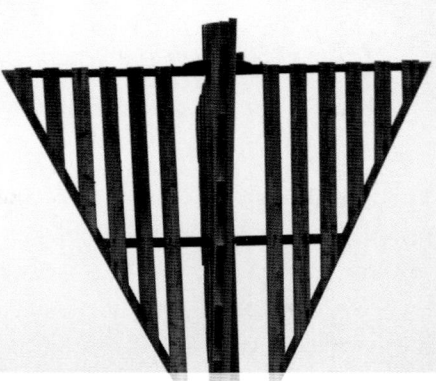

**Adresse** Möwendüne mit Peilbake, 26548 Norderney | ÖPNV Linie 4, Haltestelle Ostheller | **Tipp** Wer sportlich und gesund ist, der kann weiterlaufen in Richtung Osten, wo man das Wrack erreicht. Genügend Wasser mitnehmen.

# 65 Die Napoleonschanze

*Von der Festungsanlage zur Waldkirche*

Wer heute durch den baumreichen Kurpark in der Mitte der Insel spaziert, vorbei am Schwanenteich mit Springbrunnen und der idyllisch auf einer Lichtung gelegenen Naturkirche, ahnt vermutlich nichts von der geschichtsträchtigen und keinesfalls harmlosen Vergangenheit dieses Ortes. Denn da, wo heute Schwäne und Enten schwimmen, wo friedliche Gottesdienste gefeiert und gemütliche Spaziergänge gemacht werden, wurde vor mehr als 200 Jahren die Napoleonschanze erbaut.

Zu Beginn des 19. Jahrhunderts befand sich die Insel unter französischer Fremdherrschaft. Als Napoleon 1806 die Kontinentalsperre verhängte, um den Handel zwischen Großbritannien und dem Festland zu unterbinden, florierte der Schmuggel zwischen Helgoland und den Ostfriesischen Inseln. Um diesen zu verhindern, aber auch, um sich gegen Angriffe der Engländer zur Wehr setzen zu können, ließ Napoleon 1811 eine Festungsanlage auf Norderney errichten. Dafür verpflichtete er die Einwohner der Stadt Norden und der Insel, Sand für einen riesigen Wall aufzuschütten. Es heißt, die Norderneyer Frauen mussten den Sand in ihren Schürzen transportieren. Die Franzosen platzierten vier auf das Wattenmeer zum Festland gerichtete Kanonen und stationierten etwa 200 Soldaten an der Schanze, die zu dieser Zeit nur rund 50 Meter vom Meer entfernt lag.

Die militärische Vergangenheit der Anlage griffen die Nationalsozialisten auf, als sie 1933 einen großen Altarstein aufstellten und die Schanze als SA-Denkmal missbrauchten. Die auf der Vorderseite des Steins eingravierten Hakenkreuze wurden nach dem Krieg durch Medaillons ersetzt.

Bereits 1912 richtete der damalige Inselpastor Christoph Friedrich Rieschel die evangelische Waldkirche an der Napoleonschanze ein. Dort werden, umgeben von Bäumen und Erdwällen, von Juni bis August für Einheimische und Gäste Frühgottesdienste abgehalten.

Adresse In der Napoleonschanze, 26548 Norderney | ÖPNV Linie 2, Haltestelle Mühlenstraße | Tipp Heute ist kein Schmuggel zwischen Helgoland und Norderney mehr nötig. Per Tagesausflug kann man auf der Hochseeinsel zollfrei shoppen. Infos unter www.reederei-frisia.de.

# 66__Die Neybox

*Der berühmteste Badekarren Deutschlands*

Das ist ja paradox: Da bietet ein Badekarren, der im 18. und 19. Jahrhundert dazu diente, Frauen vor neugierigen Blicken zu schützen, den Rahmen für das Aufnehmen von Videos, die in die ganze Welt verschickt werden. Aber eins nach dem anderen.

Mitten auf dem Kurplatz von Norderney steht die Neybox. Sie ist ein umgebauter historischer Badekarren, eine hölzerne Umkleidekabine, die es vor fast 300 Jahren den Damen ermöglichte, »sittlich korrekt« im offenen Meer zu baden. Dazu wurde das mondäne Gefährt, in dem sie sich ungesehen umziehen konnten, von Pferden ins Meer gezogen. Nach dem Baden konnten die Damen dann, ohne in Badekleidung gesehen zu werden, wieder zurück an den Strand kutschiert werden.

Das Staatsbad Norderney baute 2011 eine moderne Webcam in den Badekarren ein. Insulaner und Gäste können hier seitdem jeden Tag und kostenlos Videobotschaften aufnehmen, die über die Social-Media-Kanäle in die ganze Welt gesendet werden. Bis zu zehn Personen passen gleichzeitig in die Box, aus der täglich im Durchschnitt 30 Urlaubsgrüße an Daheimgebliebene oder Liebesbekundungen an die Lieblingsinsel verschickt werden. Sogar Online-Heiratsanträge hat es hier schon gegeben.

Die Neybox hieß nicht immer Neybox. Der Kommunikationskarren wurde ursprünglich Facebox genannt. Klingt fast wie Facebook? Das dachte sich auch die Firma Facebook Inc. und zwang die Norderneyer Kurverwaltung 2012 nach einem Rechtsstreit zur Suche nach einem anderen Namen. Nach einem öffentlichen Aufruf zu Namensvorschlägen und einer Abstimmung im Internet einigte man sich schließlich auf Neybox. Auch wenn man sich jetzt namenstechnisch nicht mehr ins Gehege kommt – der Gedanke hinter der Neybox ist der gleiche wie der hinter dem Internetriesen: Sie steht für eine offene und vernetzte Welt. Wenn das die Damen im Badekarren des 19. Jahrhunderts geahnt hätten …

**Adresse** Kurplatz / Bülowallee, 26548 Norderney | **ÖPNV** Linie 1, Haltestelle Weststrand / Kurplatz | **Öffnungszeiten** Mo – So 9 – 18 Uhr | **Tipp** Wer Gefallen an Badekarren gefunden hat, findet am Weststrand einen weiteren. Im »Hochzeitskarren« können sich Paare von Mai bis September das Jawort geben.

# 67 __ Die Norderneyer Kaninchen

*Wenn das Vergnügen zur Plage wird*

Wie süß! Wenn dem entspannten Norderney-Urlauber ein kleiner Graupelz über den Weg hoppelt, wird er allenfalls verwundert, eher aber entzückt sein beim Anblick des niedlichen Tierchens. Ohne jede Angst vor Menschen sind sie auf der Suche nach Futter fast auf der gesamten Insel unterwegs. Vor allem im Inselosten kann man die putzigen Langohren teils in großen Gruppen in den Dünen beobachten.

Für die Insulaner sind die Wildkaninchen allerdings mittlerweile zu einer wahren Plage geworden. Nicht nur, dass sie die Norderneyer Flora angreifen und teilweise gar vernichten – so musste schon auf eine neue, bei den Kaninchen nicht so beliebte Strandhaferart zurückgegriffen werden –, sie unterhöhlen auch ganze Dünenzüge mit ihren bis zu 20 Meter tiefen Gängen und brachten schon manche zum Einsturz. Und die Langohren haben die Insel fest im Griff! Die Kaninchen-Population auf Norderney wird auf 30.000 bis 40.000 Tiere geschätzt und hat nahezu keine natürlichen Feinde. Da sich nur selten ein Fuchs auf die Insel verirrt, bleiben die engagierten Jäger, die jährlich etwa 3.000 Kaninchen erlegen. Selbst eine kontrollierte Infektion mit Myxomatose, einer Kaninchenseuche, sowie eine Vogel- und Frettchenjagd konnten die Nager nicht stoppen.

Und wie kamen die Kaninchen nach Norderney? Eine Legende besagt, dass die Tiere 1620 ausgesetzt wurden, damit die Landesherren auf der Insel zu ihrem Vergnügen auf die Jagd gehen konnten. Offensichtlich hatte der Mensch nicht damit gerechnet, dass Häsin und Rammler das frische Seeklima und Norderneys unberührte Natur so ausgiebig zur Fortpflanzung nutzen würden.

Die Wildkaninchen werden wohl auch weiterhin für ein paar zusätzliche Löcher auf dem Golfplatz und Dünger der besonderen Art sorgen. Und während die Insulaner auf einen harten Winter hoffen, freuen sich tierliebe Touristen über die süßen Kaninchen …

**Adresse** (fast) überall auf 26548 Norderney | **Tipp** Ein sehenswerter Streichelzoo befindet sich auf dem Festland. In dem Ort Rechtsupweg gibt es »Birgits Tiergarten«, Tannenstraße 18.

# 68_ Die Nordhelmsiedlung

*Geschichtsträchtiges Wohnquartier mit Dorfcharakter*

Genau genommen ist Nordhelm ein Stadtteil Norderneys, allerdings wird er längst nicht mehr als solcher wahrgenommen. Denn: Im Laufe der vergangenen Jahrzehnte ist die Insel dank des florierenden Tourismus mehr und mehr zusammengewachsen. Im Gegensatz zum urbanen Teil im Westen liegt Nordhelm dennoch eher leise und bescheiden hinter der ersten nördlichen Randdünenkette und bildet den Übergang in den stillen Osten.

Beim Stadtteil Nordhelm handelt es sich um mehrere ehemalige Siedlungsgebäude, deren wichtigster Zweck es zunächst war, das Personal der Seefestung Norderney und die auf der Insel eingesetzten Angehörigen der Seeflugstaffel unterzubringen. Dazu wurden Parzellen von 500 bis 1.000 Quadratmeter Baugelände zur Verfügung gestellt.

Bei den Häusern, die Anfang 1938 fertiggestellt wurden und teilweise noch im ursprünglichen Zustand erhalten geblieben sind, handelt es sich um ein- oder zweigeschossige Ziegelbauten. Gleichzeitig begann man seinerzeit in Vorbereitung auf den Krieg mit dem Bau weiterer Kasernengebäude.

Doch das alles ist erfreulicherweise nur noch Geschichte. Im Zuge des zunehmenden Tourismus wurden viele neue, auch mehrgeschossige Ferienhäuser und Zweitwohnsitze errichtet. Allerdings ist dies auf Norderney keineswegs unumstritten. Denn wie auf zahlreichen anderen Inseln wird der Wohnraum für Einheimische immer knapper, und vor allem stellen sich die Miet- und Grundstückspreise vielfach als absolut inakzeptabel dar.

Den Mittelpunkt des Stadtteils bildet heute das Remmer-Harms-Eck. Es erinnert an Remmer Harm, den langjährigen Bürgermeister der Stadt Norderney. Übrigens: In der Emsstraße der Nordhelmsiedlung hatte unter anderem der berühmte Mediziner und Klimatherapeut Professor Dr. Wolfgang Menger (siehe Ort 62) seinen Wohnsitz. Und: Seit 1965 befindet sich die Allergie- und Hautklinik im Gebäude des Krankenhauses am nördlichen Ende der Lippestraße.

**Adresse** Nordhelmstraße, 26548 Norderney | **ÖPNV** Linie 3, Haltestelle Remmer-Harms-Eck | **Tipp** Von hier aus lohnt sich ein Spaziergang oder eine kleine Radtour auf dem 7,5 Kilometer langen Wald-Dünenweg (Weg 3), der bis zum Leuchtturm führt.

# 69 Die Oase

*Besser als Bordeaux*

Für die einen ist es das Insel-Eldorado schlechthin, für die anderen hat dieser Ort Ballermann-Charakter. Etwa sieben Kilometer östlich der Stadtmitte befindet sich die Oase. Das Besondere: Hier finden Einheimische und Besucher nicht nur ein schickes Ausflugslokal, sondern auch einen gemischten FKK-Strand. Während im westlichen Teil der Insel also normale Badebekleidung angesagt ist, finden die Freunde der Freikörperkultur ihr sinnliches Refugium, ihre Oase, im östlichen Strandbereich.

Naturfreunde lieben den einsamen Strandabschnitt und dessen Strandsauna mit Panoramablick, sie tanken Kraft auf der Sonnenterasse und genießen die Abkühlung in den Fluten. Gleichzeitig gilt die Oase als verlängerter Arm der Norderneyer Partymeile, wo der Clubtourismus gern mal fröhliche Urständ feiert.

Mit der Inbetriebnahme der Sauna am FKK-Strand unmittelbar in der Brandungszone unternahm das Staatsbad 1985 einen wesentlichen Schritt zur Verbesserung seiner Kur- und Badeeinrichtungen. »Der Wunsch nach einem solchen Angebot für Abhärtung und Fitness war von zahlreichen treuen Inselgästen schon seit vielen Jahren gefordert«, berichtete die lokale Tageszeitung seinerzeit und zitierte bei der Gelegenheit den eigens angereisten Bundesvorsitzenden des Deutschen Verbandes für Freikörperkultur (DFK), Heinz Simanowski aus Hannover: »Am Norderneyer FKK-Strand ist im Laufe der Zeit eine echte Oase geschaffen worden.« In der Hochsaison würden täglich bis zu 10.000 Gäste diesen Strandabschnitt aufsuchen. In einer solchen Größenordnung gebe es im internationalen Vergleich nur noch einen einzigen weiteren FKK-Strand, und zwar in Bordeaux. Dieser aber würde die Norderneyer Besucherzahlen nicht annähernd erreichen. Und schon hatte der FKK-Chef die Insulaner um den Finger gewickelt, denn die Norderneyer besaßen damit einen weiteren Superlativ, mit dem sich wunderbar werben ließ.

**Adresse** Am Leuchtturm 12, 26548 Norderney | **ÖPNV** Linie 4, Haltestelle Oase |
**Öffnungszeiten** Mo–So 11–19 Uhr | **Tipp** Jogger kommen im Inselosten voll auf ihre
Kosten. Dauerläufe über die Wanderwege oder direkt am Strand entlang sind sehr beliebt.

# 70_ Der Onnen-Visser-Platz

*Ein Ort für Leseratten*

»Über den Wassern der Nordsee stand ein schweres Gewitter. Träge lief die Flut an den Strand von Norderney, tiefe Finsternis bedeckte Erde und Meer«, so beginnt der Historienroman »Onnen Visser – Der Schmugglersohn von Norderney«. Der Klassiker der Jugendliteratur von Sophie Wörishöffer, erschienen 1885, beschreibt die fiktiven Abenteuer des jungen Onnen Visser. Im Roman sehr authentisch beschrieben ist die Zeit der französischen Fremdherrschaft von 1806 bis 1813 auf Norderney.

Die Norderneyer ehrten den mutigen Schmuggler und seine Erfinderin mit dem Onnen-Visser-Platz im Nordwesten der Insel, der heute als letzter Stopp auf dem Weg zum Nordstrand gilt und besonders nach seiner Neugestaltung 2013, in die die Insulaner etwa 390.000 Euro investierten, zum Verweilen einlädt. Der Onnen-Visser-Platz, der die Form eines Dreiecks hat, ist durch die Anlage der Benekestraße im späten 19. Jahrhundert entstanden. Das Erscheinungsbild prägen die in die Dünen eingelassenen hölzernen Sitzinseln.

Ein besonderes Highlight des Platzes ist die Bücherbox. Nach dem Motto »Was der eine nicht mehr braucht, ist des anderen größte Freud« können sich hier Lesebegeisterte Bücher ausleihen und entweder nach dem Lesen wieder zurückbringen oder durch ein anderes Buch ersetzen. Die Bücher der Austauschbibliothek können direkt an Ort und Stelle verschlungen oder als Strandlektüre mitgenommen werden.

Ein weiterer Blickfang ist die Seehundskulptur, die, wie der Platz selbst, einen literarischen Bezug hat. Entworfen und bemalt wurde der Seehund von der Künstlerin Hannelore Regini, deren Schwester Christa Duden ihm in ihrem Kinderbuch »Fernando, der etwas andere Seehund« eine eigene Geschichte schrieb. Fernando trägt einen Badeanzug in den Norderneyer Farben Blau und Weiß sowie mit dem Stadtwappen auf der Brust und ist ein beliebtes Fotomotiv bei Kindern.

**Adresse** Onnen-Visser-Platz, 26548 Norderney | **ÖPNV** Linie 1, Haltestelle Moltke-straße | **Tipp** Andere interessante Plätze finden sich bei einer Inselrundfahrt ab Rosengarten / Stadtzentrum. Die Busfahrt dauert 90 Minuten.

# 71_Der Ostheller

*Der Anfang vom Ende*

Wer auf Norderney nach der schönsten Wanderung fragt, bekommt von vielen eine eindeutige Antwort: vom Ostheller aus zum Inselende. Die Wanderung dauert etwa vier Stunden und ist zwischen sieben und zehn Kilometer lang. Denn manchmal geht es ungewollt im Zickzack, wobei ein Weg durch die Dünen gelaufen werden kann und eine andere Route am Strand entlangführt.

Beim Ostheller handelt es sich also um den (in östlicher Richtung) letzten Parkplatz auf Norderney. Kein Zweifel. Hier herrscht urtümliche Natur: weite Strände, unberührte Dünen und das UNESCO-gekrönte Wattenmeer. Für Naturfreunde beginnt an dieser Stelle die authentische und ursprüngliche Seite der Insel. Viele Naturschützer sind sich einig: In diesem Gebiet lässt sich die Vielfalt unterschiedlicher Pflanzen und Tiere so gut studieren wie auf keiner anderen Ostfriesischen Insel.

Wenn die Naturfreaks so richtig ins Schwärmen geraten, sprechen sie sogar von der Inselwildnis Norderneys beziehungsweise vom »Wilden Osten«. Die natürlichen Kräfte des Wattenmeeres wie Gezeiten, Winde und Pflanzenwuchs haben die Landschaft geformt. Als Gast in der Natur hat der Mensch hier in der Ruhezone nur zu Fuß Zutritt, selbst Fahrräder sind nicht erlaubt. »Bleiben Sie bitte auf den markierten Wegen, um die Bewohner des Osthellers nicht aufzuschrecken. Auch so können Sie die empfindliche Vogel- und Pflanzenwelt beobachten«, bitten die Ranger des Nationalparks die Besucher eindringlich.

Früher wurde der Ostheller landwirtschaftlich genutzt. Um dies zu ermöglichen, musste das Gelände entwässert werden. Dazu wurden Gräben und Grüppen angelegt. Auch nach Abschluss der landwirtschaftlichen Nutzung blieb dieses künstlich angelegte Entwässerungssystem bestehen. Der Begriff Heller bedeutet übrigens nichts anderes als Salzwiese, also ein Gebiet, das von der See in regelmäßigen Abständen unter Wasser gesetzt wird.

**Adresse** Parkplatz Ostheller, Am Leuchtturm 10, 26548 Norderney | **ÖPNV** Linie 4, Haltestelle Ostheller | **Tipp** Wer sich den durchaus strapaziösen Weg an die Ostspitze nicht zutraut, der läuft nur ein paar hundert Meter direkt zum Strand. Dort lassen sich einige äußerst geruhsame Stunden verbringen.

# 72 Der Planetenweg

*Immer der Sonne entgegen*

Wie groß ist die Erde? Wie viel größer die Sonne? Wie weit ist der Saturn von der Sonne entfernt? Und wie warm ist es auf dem Merkur? Antworten auf diese Fragen findet man, wer hätte das gedacht, auf Norderney.

Zwischen der Stadt und dem Inselosten, genauer gesagt zwischen dem Alten Postweg am Südpolder und dem Norderneyer Leuchtturm (siehe Ort 57), liegt der Planetenweg. Entlang einer Wanderstrecke von ganz genau 1,916 Kilometern durch die Dünenlandschaft ist ein maßstabsgerecht verkleinertes Modell des Sonnensystems dargestellt. Die Planetenmodelle am Wegrand, kleine und größere unterschiedlich gefärbte Kugeln, sind im Maßstab eins zu einer Milliarde verkleinert und in entsprechenden Abständen zueinander angeordnet.

Neben den Planeten findet man jeweils eine Informationstafel, die Daten und Fakten rund um die Entfernung zur Sonne, Umlaufzeit, Temperatur, Masse und Durchmesser der Planeten enthält. Wer weiß zum Beispiel, dass auf dem Merkur Temperaturschwankungen von minus 170 Grad Celsius bis plus 350 Grad Celsius üblich sind? Oder dass der Durchmesser der Sonne 109-mal so groß wie der der Erde ist?

Auf dem Weg durch die Dünen, auf dem man gegen Ende des Planetenpfads am Norderneyer Campingplatz vorbeiwandert, werden die Abstände zwischen den einzelnen Modellen der Planeten immer größer. Zeit, um sich beim Spazieren die gigantische Größe der Planeten, die unfassbare Entfernung zwischen ihnen und die extremen Bedingungen, die auf ihnen herrschen, bewusst zu machen.

Beim Spaziergang auf dem Norderneyer Planetenweg gerät man unweigerlich ins Staunen angesichts der beeindruckenden Infos und der anschaulichen Darstellungen rund um unser Sonnensystem. So bekommt der Wanderer neben Bewegung, Natur und frischer Seeluft auch noch geistige Anregung und Allgemeinbildung gratis dazu. Und egal, wie das Wetter ist: Am Ende des Weges wartet auf jeden Fall die Sonne.

Adresse Wanderwege Planetenweg / Alter Postweg, 26548 Norderney | ÖPNV Linie 4, Haltestelle Dünensender | Tipp Ganz in der Nähe befindet sich der Campingplatz Um Ost (Am Golfplatz 3). Wohnwagen- oder Zeltcamper finden hier ein lauschiges Plätzchen.

# 73 Das Poppe-Folkerts-Haus

*Der Impressionist und sein legendärer Malerturm*

Werke für die Ewigkeit. Der Norderneyer Künstler und Seefahrer Poppe Folkerts war einer der bedeutendsten Marinemaler und Impressionisten seiner Zeit. Wie die Chronisten berichten, wurde er am 9. April 1875, »am frühen Abend eines schreckensvollen Sturmtages«, auf der Insel geboren. 1890 begann er eine dreijährige Lehrzeit im Maler- und Glaserhandwerk. Dabei entdeckte er die Malerei und betrieb erste Studien. Am Ende der Lehrzeit begab er sich 1894 auf Wanderschaft rheinaufwärts über Köln bis Frankfurt und Paris.

1911 erwarb der Künstler ein Grundstück am Südweststrand von Norderney. Dort errichtete er sein Atelier und das Wohnhaus. Der Clou: Auf dem kleinen, hinter dem Deich abgeduckten Gebäude entstand 1913 das Turmatelier. Die Norderneyer nannten es fortan den »Malerturm«. »Im obersten Geschoss mit Erker nach Westen und großem Nordfenster entstanden viele seiner Bilder oder erhielten dort den letzten Pinselstrich«, weiß Karl Welbers, Vorsitzender der Fördergemeinschaft Poppe Folkerts, zu berichten. Folkerts' Freund Berend de Vries schrieb: »Sein Atelier ist einzig. Von Skagen bis Dünkirchen gibt es wohl kein zweites dieser Art.« Natürlich schwärmte auch Folkerts selbst: »Es ist der einzige Ort, von dem aus ich meine ganze Welt sehen kann: das Festland, die nächste Insel und das offene Meer.«

Und dann mal wieder die Nazis: Sie beschlagnahmten im November 1940 den Malerturm und trugen ihn bis auf das Erdgeschoss ab. Begründung: Er befinde sich im Schussfeld einer Flugabwehrbatterie. Ein schwerer Schlag für den damals 65-Jährigen. Am frühen Silvestermorgen 1949 starb Poppe Folkerts im 75. Lebensjahr – in den Resten seines Malerturms.

Die Wiedererrichtung des Malerturms als Museum bleibt das große Ziel der Poppe-Folkerts-Stiftung und der Fördergemeinschaft. In dem neuen Turm soll der künstlerische Nachlass der Öffentlichkeit ständig zugänglich gemacht werden.

**Adresse** Am Weststrand 10, 26548 Norderney | **ÖPNV** Linie 1, Haltestelle Weststrand | **Öffnungszeiten** nur von außen zu besichtigen | **Tipp** Wer die Bilder von Poppe Folkerts sehen möchte, erhält Informationen unter Tel. 04934/4643 (Karl Welbers).

# 74_ Die Postbake

*Wenn die Gezeiten das Tempo bestimmen*

Die Norderneyer Postbake hat ihren Platz am Ostrand des Grohde-polders. Eine erste Bake soll dort bereits um 1860 errichtet worden sein. Das Toppzeichen bestand seinerzeit aus einem auf der Spitze stehenden Dreieck.

Bis 1876 verkehrte eine Postlinie vom ostfriesischen Festland durch das Wattenmeer zur Insel Norderney. Die wilde Fahrt startete im kleinen Küstenort Hilgenriedersiel. Ziel war das Kaiserliche Postamt auf Norderney. Der Postwagen wurde von einem Pferdegespann gezogen; oft ein sehr schwieriges und vor allem gefährliches Unterfangen. Eisige Kälte und starke Böen machten Menschen und Tieren das Leben schwer, hinzu kam immer wieder der Zeitdruck durch die Gezeiten (Ebbe und Flut). Nicht selten ereigneten sich Unfälle. Die Strecke verlief westlich des Riffgats. Von dort aus ging es Richtung Leuchtfeuer (Blüse). Bedrohlich wurde die Fahrt, wenn es durch die tiefsten Wattflächen ging. Dort registrierte man bei Niedrigwasser noch eine Wassertiefe von einem halben bis einen Meter. Das Wasser soll etwa bis zum Bauch der Pferde gereicht haben, berichten Zeitzeugen.

Die Postbake, lebenswichtiger Sichtpunkt für Wattläufer und Postkutscher, markierte das Ende des teils aufreibenden Weges durch die Nordsee. Mensch und Tier wurde gleichermaßen viel abverlangt, schließlich galt es immer wieder, zahlreichen gefährlichen Prielen auszuweichen beziehungsweise einen geschickten Bogen um sie zu machen. Der Weg war üblicherweise mit Pricken (fünf bis sieben Meter hohen Birken) markiert. Diese waren von erfahrenen Wattläufern in den Schlick gerammt worden. Vom Poldergebiet an der Wattseite Norderneys startete dann die Fahrt zum Postamt am Westkopf der Insel. Jährlich wurden über diesen Postweg durch das niedersächsische Wattenmeer neben unzähligen Briefen und Paketen 300 bis 500 Personen befördert. Ein Abenteuer, das sich heute kaum noch jemand vorzustellen vermag.

**Adresse** Postbake, 26548 Norderney | **ÖPNV** Linie 4, Haltestelle Ostheller | **Tipp** Auf dem Weg zurück zur Stadt kann man das Bistro »Moni's Ostende« aufsuchen (Am Leuchtturm 10). Hier gibt es die letzte Currywurst vor Baltrum.

# 75__»Putz hum!«

*Die Klootschießerstrecke am Karl-Rieger-Weg*

Wenn man auf Norderney an einem beschaulichen Samstagnachmittag Richtung Inselosten unterwegs ist und plötzlich von martialischem Geschrei aus allen Träumen gerissen wird, dann hat dies nichts Schlimmes zu bedeuten. Eher geht es an dieser Stelle um pure Lebensfreude beziehungsweise um ein sportliches Erfolgserlebnis. Denn die Akteure der Norderneyer Klootschießervereinigung mögen es gern deftig.

Traditionell in den Wintermonaten treffen sich samstags ab 14 Uhr die männlichen Boßelteams mit so wohlklingenden Namen wie »Putz hum!« (Hau ihn weg, den Gegner!), »Nörderneer Jungs« (Norderneyer Jungs), »Vull Kraft« (Volle Kraft) sowie einige Damenmannschaften in der Richthofenstraße, um gegeneinander anzutreten. Und dann geht es los über den Karl-Rieger-Weg Richtung Inselosten und zurück. Und wie gesagt: Jeder Schuss, wie man den Wurf mit der Kugel, dem Kloot, nennt, wird mit viel Getöse begleitet; besonders, wenn er gut gelungen ist. Ja: Boßeln ist kein leiser Sport.

Eine Boßelsaison auf Norderney kann sich übrigens ganz schön in die Länge ziehen. Vor einigen Jahren mussten sich »Putz hum!« und Co. damit abfinden, dass Straßenbauarbeiten ihre Meisterschaftsspiele empfindlich störten. Zudem schneite und fror es, was das Zeug hielt. Doch was ein echter Norderneyer Klootschießer ist, der kennt keinen Schmerz! Kurzerhand spielten die Boßler einen Schneemeister aus, und die Sache war geregelt.

Unter dem Begriff Friesensport fasst man im Allgemeinen Klootschießen, Boßeln und Schleuderball zusammen. Das Straßenboßeln hat mehrere Varianten, auf Norderney wird es als Streckenwerfen in Teams gespielt. Es gilt dabei, die vorgegebene Strecke mit möglichst wenigen Würfen zu bewältigen. Bis vor etlichen Jahren gab es noch bei jedem Wurf einen Schluck aus der Pulle. Davon ist man inzwischen abgerückt. Nur die sportliche Leistung zählt. Und dies ist, wie gesagt, meist weithin hörbar!

**Adresse** Richthofenstraße, Höhe Pietschmann, 26548 Norderney | **ÖPNV** Linie 3, Haltestelle Richthofenstraße | **Tipp** Wer sich mal im Boßeln versuchen möchte, der kann das gern tun. Zwischen Ende September und Anfang März (Tagespresse beachten) einfach um 14 Uhr zum Treffpunkt an der Richthofenstraße kommen. Nachwuchs und neue Akteure sind immer willkommen.

# 76_Das Quartier Fontanes
## *Wo Weltliteratur entstand*

Norderney, die Insel der Dichter und Denker? Scheint so, denn neben Heinrich Heine (siehe Ort 38) war noch ein Poet und Schriftsteller regelmäßig auf Norderney zu Gast: Theodor Fontane (1819–1898), der bedeutendste Vertreter des deutschen Realismus, besuchte die Insel zum ersten Mal 1880. Dabei kann man getrost von »unfreiwillig« sprechen. Fontane hatte gar keinen Aufenthalt auf Norderney geplant. Vielmehr wollte er im Anschluss an seinen Aufenthalt in Lütetsburg bei der Grafenfamilie Knyphausen einen Kurztrip in die Niederlande machen. »Einen Abstecher von dort aus nach Amsterdam hab' ich aufgeben müssen und werde mich mit Norderney begnügen, das eigentlich auch überflüssig ist«, schreibt er an seine Frau Emilie in Berlin.

Der Schriftsteller arbeitete während seines Aufenthalts auf Norderney an seinen Büchern, verbrachte die Zeit auf der Insel zurückgezogen. »Ich lebe hier alles in allem etwas unterm Stand, bin einsam und langweile mich kolossal«, heißt es in einem Brief an die Gattin. Klingt nach einem vernichtenden Urteil für die Insel, doch allzu schlimm kann es nicht gewesen sein, denn Theodor Fontane kam noch zweimal wieder. Dabei schien er allerdings in erster Linie auf Einladungen in die Villa Knyphausen zu spekulieren.

Theodor Fontane bewohnte bei jedem seiner Inselaufenthalte dieselbe Pension in der Marienstraße. Den Gastgebern stellte er ein gutes Zeugnis aus: »Mit den Wirthsleuten hab' ich es gut getroffen, es sind anständige Leute, kein Gesindel.« Auch die Insulaner allgemein beschrieb er als »kräftige, tüchtige, urgermanische Menschen«, die sich allerdings, wie er bemerkte, »ihre Luft gut bezahlen lassen«.

Heute erinnert noch eine Gedenktafel am Haus in der Marienstraße mit der Inschrift »Hier lebte und wirkte in den Sommermonaten 1882 und 1883 Theodor Fontane * 1819 † 1898« an den berühmten Gast.

**Adresse** Marienstraße 3, 26548 Norderney | **ÖPNV** Linie 1, Haltestelle Rosengarten | **Öffnungszeiten** nur von außen zu besichtigen | **Tipp** In der Strandstraße 5 gibt es die Buchhandlung Lübben, übrigens die einzige auf Norderney. Dort kann man unter anderem das Werk »Fontane auf Norderney« von Michael Fleischer kaufen.

# 77__Die Rentnerbänke

*Das Facebook der Oldies*

In leuchtend roter Signalfarbe gestrichen, windgeschützt und mit bestem Blick auf das Geschehen stehen zwei Holzbänke am Norderneyer Hafen.

Nichts Besonderes angesichts der Tatsache, dass hier permanenter An- und Abreiseverkehr herrscht und Menschen mit schwerem Gepäck unterwegs sind, die hier die Gelegenheit haben, zu verschnaufen. Auf den Bänken kann man sich vor der Weiterfahrt noch mal orientieren oder einfach nur einen Moment das geschäftige Treiben am Hafen auf sich wirken lassen.

Das Besondere an den Norderneyer Hafen-Bänken ist das Schild, das über ihnen angebracht ist: »Reserviert für Norderneyer Rentner ab 16 Uhr«, steht hier in weißen Lettern auf rotem Grund, gut sichtbar für alle, die mit dem Vorhaben, Platz zu nehmen, an die Bänke herangetreten sind.

Ab dem späten Nachmittag treffen sich hier also die Norderneyer Senioren zum gemütlichen Plausch, tauschen Neuigkeiten aus, erfahren spannende Inselnachrichten. Einer muss ja den Überblick darüber behalten, wer wann und vor allem mit wem die Insel verlässt oder sie betritt. Und das alles in der ersten Reihe am Hafen, dem Dreh- und Angelpunkt der Insel, mit freiem Blick auf die Busse, Taxen und Fahrräder. Das ist es also, das soziale Netzwerk der rüstigen Insulaner. Eigentlich nichts anderes als Facebook oder Twitter, eine Supersache, wenn man informiert sein und Kontakte pflegen will. Nur eben ganz Oldschool, denn hier trifft man sich noch live und in Farbe und an der frischen Luft.

Ob sich hin und wieder auch ein Gast-Rentner dazugesellen darf? Oder ist man gut beraten, einen genauen Blick auf die Armbanduhr zu werfen, bevor man sich setzt? Man weiß es nicht. Aber eins steht fest: Auf den Norderneyer Rentnerbänken wird wohl auch weiterhin kräftig geteilt, gelikt, gezwitschert und gepostet, und, wer weiß, vielleicht wird hier sogar ab und an getindert?

**Adresse** Am Hafen, 26548 Norderney | **ÖPNV** Linie 1, Haltestelle Hafen | **Tipp** Schöne Bänke zum Ausruhen gibt es auf der gesamten Insel, besonders natürlich auf der Strandpromenade. Auf allen kann man natürlich köstlich klönen.

# 78 Die Residenz des KIKU

*Kap Hoorn: Tourismus-Nachwuchs in den Startlöchern*

Selbstbewusst, aufgeweckt und außerdem voller guter Ideen: So sind sie, die Kinderkurdirektoren, kurz KIKU, auf der Familieninsel Norderney. Und damit sie während ihrer einjährigen, äußerst abwechslungsreichen und aufregenden Amtszeit auch wirklich etwas bewegen können, stehen die Spezialisten der Kurverwaltung natürlich stets mit Rat und Tat zur Seite.

Seit 2011 sucht eine Jury unter der Leitung des »richtigen, großen Kurdirektors« einen sympathischen, aufgeweckten Nachwuchs-Touristiker aus. Das Mädchen oder der Junge residiert nach der Ernennung im Abenteuerparadies Kap Hoorn. Dort steht nicht nur ein eigenes schickes Büro zur Verfügung, sondern auch ein Etat von 10.000 Euro für spezielle Kinderveranstaltungen. Die Spannbreite der (bereits in die Tat umgesetzten) Ideen geht von der Kinderdisco über Segelaktionen, Strandolympiaden und Sandburgenbauwettbewerbe bis hin zum Anlegen eines spannenden Barfußpfades.

Das Kap Hoorn, die Residenz der Norderneyer KIKU, wurde 2011 eröffnet und ist ein überdachter Spiel-, Sport- und Abenteuerspielplatz mit In- sowie Outdoor-Aktion. Der Kiosk bietet Snacks und Getränke. Innen sowie außen stehen Strandkörbe und Bänke für das »Servicepersonal« (Eltern, Großeltern & Co.) bereit.

Der komplett mit weißem Dünensand ausgelegte Innenbereich bietet Kletterparcours, Balancier-Elemente und diverse andere Spielgeräte. Auch draußen heißt es: Toben ohne Grenzen. Hier stehen den jungen Norderney-Gästen unter anderem ein Bolzplatz mit Toren und eine asphaltierte Skateranlage mit Halfpipe sowie eine Seilbahn zur Verfügung.

Der Spielpark Kap Hoorn wurde auch angelegt, um Norderney als kinder- und familienfreundliche Destination auszubauen. Mit der Idee, den Posten des Kinderkurdirektors zu vergeben, gelang der Insel nicht nur touristisch, sondern auch marketingtechnisch ein Clou, der bundesweit Beachtung findet.

meine *Insel* NORDERNEY

# KiKU
## Kinderkurdirektion

**Adresse** Mühlenstraße 20, 26548 Norderney | **ÖPNV** Linie 2, Haltestelle Mühlenstraße | **Öffnungszeiten** Mo – So 11 – 17 Uhr | **Tipp** Ein weiteres interessantes Inselamt bekleidet der sogenannte Stadtausrufer. Er ist von April bis September im Stadtgebiet unterwegs und versorgt die Touristen an markanten Stellen tagsüber mit nützlichen Informationen (Veranstaltungen, Ärztenotdienste, Wetterprognose und vieles mehr).

# 79_Der Sanddorn-Happen

*Süße Versuchung im Sanddorn-Stübchen*

Norderney, die Genießer-Insel. Nicht nur Meer und Strand, Thalasso und Wellness, auch kulinarische Spezialitäten hat die Insel im Angebot. Im Norderneyer Sanddorn-Stübchen in der Friedrichstraße bietet Angela Solaro-Meyer seit 2008 eine Vielzahl an Sanddornprodukten an. Neben diversen Süßwaren wie Schokoladen und Trüffelpralinen umfasst das Sortiment außerdem Sanddorn-Liköre, -Säfte, -Schnäpse und etwa 50 verschiedene Sanddorn-Teesorten. Dazu gibt es eine große Auswahl Sanddorn-Honig und -Konfitüren sowie Sanddorn-Soßen und -Senf. Ein Sanddorn-Grappa wird nach eigener Rezeptur selbst vor Ort produziert.

Der Norderneyer Sanddorn-Happen, das ist eine 25 Gramm schwere Köstlichkeit, eine Praline mit Sanddorn-Orange-Geschmack, umhüllt von Vollmilchschokolade. Liebevoll verpackt wartet sie im Sanddorn-Stübchen neben unzähligen anderen süßen Versuchungen auf die Genießer.

Sanddornsträucher sind in der Welt sehr weit verbreitet. Ihre ursprüngliche Heimat ist Nepal, heute findet man sie sowohl in Asien als auch in ganz Mittel- und Nordeuropa. Dennoch wird Sanddorn typischerweise mit Küstenregionen in Verbindung gebracht. Das liegt daran, dass die genügsamen Sträucher auch dort noch gedeihen, wo sonst nicht mehr viel wachsen kann, nämlich im Insel- und Küstensand. Die Pflanzen, auch Dünendorn genannt, mögen Licht und Wind, und davon gibt es auf Norderney ja bekanntlich jede Menge. Sanddornbeeren enthalten sehr viel Vitamin C, sogar mehr als Zitronen oder Orangen. Außerdem sind sie reich an wertvollen Ölen mit mehrfach ungesättigten Fettsäuren. Daher ist die Sanddornbeere heute eine beliebte Zutat für Naturkosmetikprodukte. Auch davon findet man im Sanddorn-Stübchen eine große Auswahl.

Die Leckereien im Norderneyer Sanddorn-Stübchen – das sind süße Versuchungen mit gesunden Argumenten zum Verschenken, aber auch einfach mal zum Selbstgenießen.

**Adresse** Friedrichstraße 28, 26548 Norderney | **ÖPNV** Linie 1, Haltestelle Kurplatz | **Öffnungszeiten** Sanddorn-Stübchen Mo–Sa 10–18 Uhr | **Tipp** Einen exquisiten Sanddorn-Likör gibt es auch im Norderneyer Teehuus, Strandstraße 16. Die Merkmale: mild, fruchtig und sehr süß.

# 80__ Die Sankt-Ludgerus-Kirche

*Communio im Zeichen des Missionars*

Die Kirche Sankt Ludgerus ist die ältere der beiden katholischen Kirchen auf Norderney. Allerdings ist sie die deutlich kleinere, denn im Vergleich zur Kirche Stella Maris in der Goebenstraße, die Platz für etwa 700 Personen bietet (siehe Ort 51), kommt sie mit ihren 80 Sitzplätzen geradezu gemütlich daher.

Erbaut wurde die Inselkirche Sankt Ludgerus 1883 mit Hilfe von Spenden von Kurgästen. Für diese wurde das Gotteshaus auch hauptsächlich gebaut, denn während die Mehrzahl der Insulaner evangelisch war, stieg die Zahl der katholischen Kur- und Urlaubsgäste auf der Insel schon damals stetig an. Der Namensgeber des Gotteshauses, der heilige Liudger (742–809), war ein friesischer Missionar. Er war unter anderem in Werden und Helmstedt aktiv und gründete dort Klöster. Außerdem war er der erste Bischof von Münster.

Die Kirche Sankt Ludgerus ist im Stil der Neogotik erbaut, einem historischen Architekturstil des 19. Jahrhunderts, der auf die Gotik zurückgreift. Sie ist eine Saalkirche, ihr Innenraum ist also nicht durch Stützen unterteilt. Da der Dachstuhl teilweise offen ist, sind auch die Holzkonstruktionen des Daches zu sehen.

Die Inneneinrichtung ist für katholische Verhältnisse eher schlicht. Außergewöhnlich ist die Sitzordnung: Statt starrer Bänke gibt es in Sankt Ludgerus bewegliche Stühle, die in Form einer Ellipse um den Altar herum angeordnet sind. So sitzen sich die Gottesdienstbesucher während der Messe gegenüber. Das soll die Gemeinschaft der Gläubigen (lateinisch Communio) stärken.

Die Kirche ist im Zentrum der Norderneyer Innenstadt gelegen und ganzjährig täglich geöffnet. Während der Sommermonate wird sie als Werktagskirche genutzt, im Winter auch für Gottesdienste am Wochenende. Allerdings werden wegen der hohen Teilnehmerzahl die sonntäglichen Eucharistiefeiern in der Kirche Stella Maris gefeiert.

**Adresse** Friedrichstraße 22, 26548 Norderney | **ÖPNV** Linie 1, Haltestelle Moltkestraße | **Tipp** In der Seeklinik Norderney (Benekestraße 27) gibt es die Genezareth-Kapelle. Schwerpunktmäßig werden hier Gottesdienste für Kinder und Jugendliche angeboten.

# 81 Der Schiffspropeller

*Norderney statt Costa Rica*

Mit einem Durchmesser von nur 1,3 Metern ist der Propeller vor dem historischen Schuppen der Seenotretter am Weststrand (siehe Ort 87) erst mal gar nicht so beeindruckend. Etwa 450 Kilogramm bringt das vierflügelige Exemplar aus Sonderbronze auf die Waage. Aber die unscheinbare Schiffsschraube hat ganz schön was geleistet: Über 6.000 Fahrten mit 350 PS zwischen der Insel und dem Festland hat sie mit der »Frisia VIII« auf ihrem bronzenen Buckel. Dabei hat sie unter teils schweren Bedingungen gearbeitet, war nicht selten extremen Niedrigwassern und Eisgang ausgesetzt. Der Propeller hatte außerdem schon mehrere Reparaturen in einer Fachwerkstatt hinter sich, als er ausgemustert wurde. Übrigens: Um die Versorgung der Insel mit lebenswichtiger Fracht sicherzustellen, betreibt die Reederei Norden-Frisia eine betriebseigene Werkstatt auf Norderney und hält hier für alle Schiffe Reservepropeller bereit.

Die »Frisia VIII«, der der Propeller treue Dienste geleistet hat, verkehrte von 1962 bis 2003 im Auftrag der AG Reederei Norden-Frisia zwischen Norderney und Norddeich. Sie war ein sogenanntes RoPax-Schiff, eine Kombinationsfähre, die sowohl Passagiere als auch Frachtgut transportieren konnte. Nach über 40-jähriger Fährzeit wurde die »Frisia VIII« 2003 nach Costa Rica verkauft. Die 28-tägige Fahrt über den Atlantik legte sie aus eigener Kraft zurück. Heute heißt die »Frisia VIII« »San Luca II« und wird als Passagier- und Autofähre zwischen Puntarenas und Playa Naranjo eingesetzt.

Auf die Reise ins ferne Mittelamerika durfte sich dieser Propeller nicht mehr machen. Stattdessen verbringt er seinen hart erarbeiteten Ruhestand als Anschauungsobjekt der Deutschen Gesellschaft zur Rettung Schiffbrüchiger (DGzRS) auf seiner Heimatinsel Norderney. Hinter ihm der historische Seenotretter-Schuppen, vor ihm die raue Nordsee: Wer braucht da schon Costa Rica?

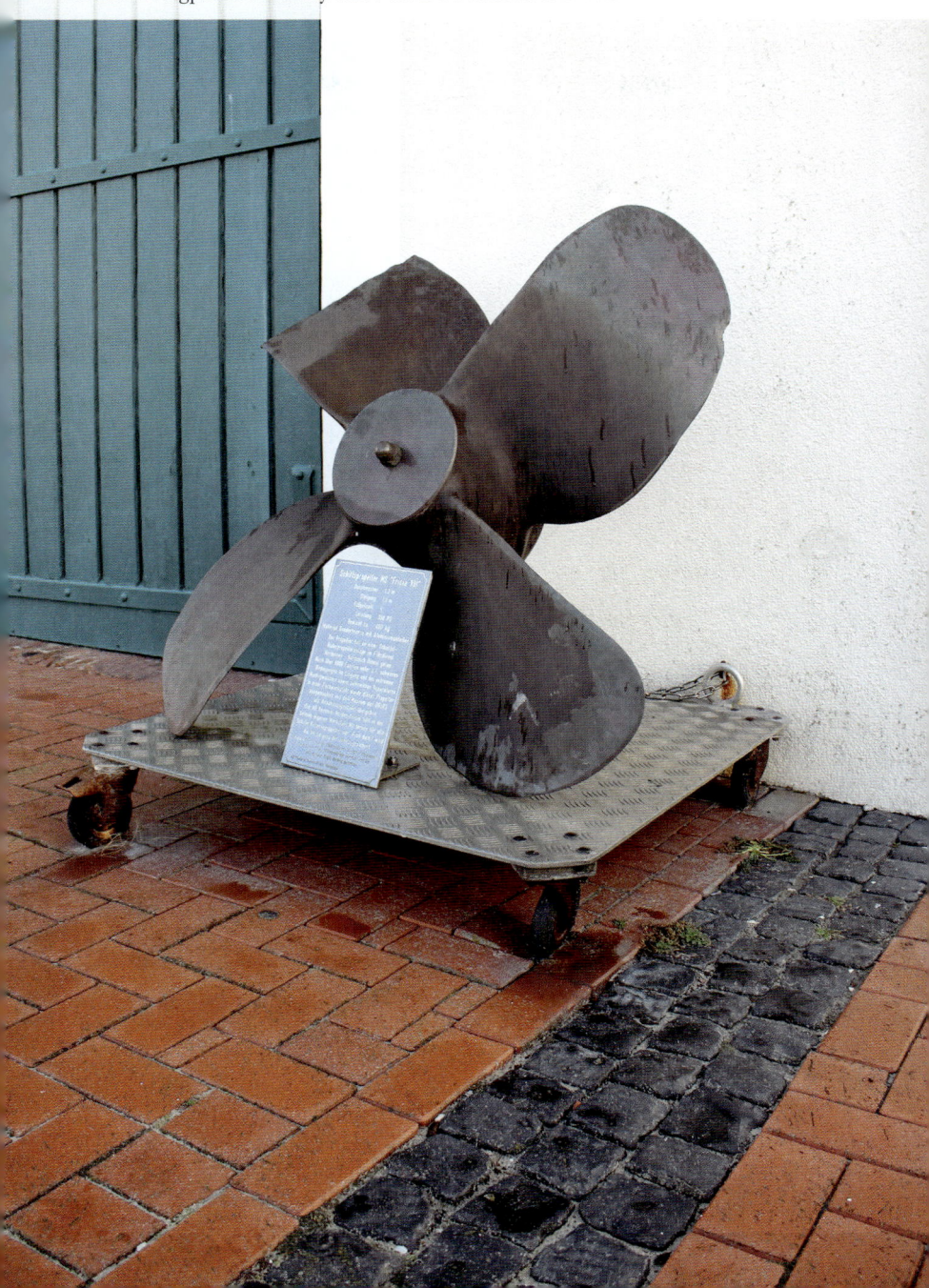

Adresse DGzRS-Schuppen, Am Weststrand 5, 26548 Norderney | ÖPNV Linie 1, Haltestelle Weststrandstraße | Öffnungszeiten nur von außen zu besichtigen | Tipp Apropos Propeller: Etwas ganz Besonderes wäre ein Rundflug über die Ostfriesischen Inseln ab Flugplatz Norderney. Infos unter www.reederei-frisia.de.

# 82 Die Schinkentrocknerei

*Seeluftveredelung für den Norderneyer Schinken*

Auf der Wellness- und Gesundheitsinsel Norderney machen sich nicht nur Einheimische und Urlaubsgäste die beflügelnde und heilende Wirkung von Meerwasser, Sonne und Meeresluft zunutze. Auch bei der Herstellung der inseltypischen kulinarischen Spezialitäten setzt man auf die ganz besondere Wirkung des Seeklimas. Hier steht sogar dem Schinken eine Thalasso-Behandlung zu. In der ersten und einzigen Schinkentrocknerei der Ostfriesischen Inseln veredeln Fleischermeister und Schinkenspezialisten den Schinken mit gesunder Nordseeluft und stellen so eine Spezialität her: den original Norderneyer Seeluftschinken. Im Jahr 2000 wurde die Norderneyer Schinken GmbH & Co. KG gegründet und auf dem Gelände des Gewerbegebiets mit der Produktion der herzhaften Inseldelikatesse begonnen. Auf Norderney gibt es wegen der fehlenden landwirtschaftlichen Voraussetzungen keine Schweinemastbetriebe. Daher wird der Schweineschinken vom Festland bezogen und auf der Insel dann von Hand mit Meersalz und Gewürzen versetzt. Anschließend erfolgt die Trocknung und damit die Reifung des Schinkens.

Den einzigartigen Geschmack erhält der Schinken durch die speziellen Brandungsaerosole der Seeluft, die beim Zusammentreffen von Sonne, Wind und Meer entstehen. Diese enthalten viele lebenswichtige Mineralien und Spurenelemente aus dem Meer und werden während der Reifezeit von mehreren Wochen an den Schinken abgegeben. Beste Bedingungen also, die auf der Nordseeinsel für die Reifung eines Premiumschinkens herrschen.

Für Schinkenfans und Feinschmecker ist ein Besuch der Norderneyer Schinkentrocknerei ein kulinarisches Erlebnis und für Gäste ein besonderes Urlaubsvergnügen. Neben der Verkostung des original Norderneyer Seeluftschinkens wird auch ein Film über die Insel Norderney gezeigt. Mit Voranmeldung kann die veredelte Inselspezialität direkt an ihrer modernen Produktionsstätte auf dem Gewerbegelände getestet und genossen werden.

**Adresse** Im Gewerbegelände 47, 26548 Norderney | **ÖPNV** Linie 3, Haltestelle Birkenweg | **Öffnungszeiten** Führungen und Verkostung nach Vereinbarung, Infos unter www.norderneyer-seeluftschinken.de | **Tipp** Wer kulinarisch danach die Richtung wechseln möchte, kann die Cocktailschmiede (Schmiedestraße 8) aufsuchen. In dem Traditionsgebäude von 1832 finden regelmäßig viel beachtete Whisky-Tastings statt.

# 83_ Das Schlickdreieck

*Kleingärtnerverein mit großen Aufgaben*

Oft werden sie belächelt, doch wer genauer hinschaut, der stellt rasch fest: Hier geht es um Großes. Denn nicht nur eine reichhaltige Ernte genießt bei den Kleingärtnern hohen Stellenwert, sondern vor allem das soziale Miteinander.

Auf Norderney hat der Kleingärtnerverein eine lange Tradition, und er wurde 1946 mit einem ernsthaften existenziellen Hintergrund gegründet. Damit alles seine Ordnung hatte, setzte man in den Anfangsjahren nämlich sogenannte Feldhüter ein, die nachts Streife liefen, um zu verhindern, dass die Ernte geklaut wurde. Einige Mitglieder machten sich sogar per Lastwagen auf den Weg nach Hamburg, um dort Sämereien und Werkzeug günstig einkaufen zu können. Dass einige der entsandten Norderneyer Kleingärtner auf dem Schwarzmarkt der Hansestadt beim verbotenen Einkaufen auch einmal erwischt wurden – auch das erwähnen die Insel-Chronisten, und zwar mit dem inseltypischen Schalk im Nacken.

Auf Norderney gibt es gleich zwei Kleingartenflächen: das ehemalige Gaswerksgelände und das Schlickdreieck, das mit 120 Gärten die größere der beiden ist. Der Name dieses dreieckigen Areals ist auf den schlickigen Untergrund zurückzuführen. Ursprünglich nämlich waren die Gärten im Bereich der heutigen Südhoffstraße angesiedelt. Weil dort Häuser gebaut wurden, mussten die Gärten Anfang der 1960er Jahre ins Schlickdreieck weichen. Insgesamt gehören dem Kleingartenverein Norderney heute rund 500 Mitglieder an.

Mitten im Schlickdreieck steht das Vereinshaus. Es wurde auf der damaligen »Kaninchenwiese« errichtet. Daneben befindet sich ein stattlicher Teich, der vom Grundwasser gespeist wird. Wer Zeit und Muße mitbringt, der kann dort verschiedene Vogelarten beobachten. Kein Wunder: Das Schlickdreieck liegt nicht weit entfernt vom Südstrandpolder, und dort gibt es eine äußerst reichhaltige Vogelpopulation.

**Adresse** Im Schlickdreieck, 26548 Norderney | **ÖPNV** Linie 2, Haltestelle Mühlenstraße | **Tipp** Bei einem Tagesausflug aufs Festland kann man die Blumengemeinde Wiesmoor (Nähe Aurich) besuchen. Dort gibt es auch Führungen durch die Gartenanlagen.

# 84_ Der Schlopp

*Einer, der mit Vorsicht zu genießen ist*

Der Schlopp. Wer ihn kennt, der hat Respekt vor ihm, und wer noch Bekanntschaft mit ihm machen möchte, der sollte sich tunlichst vor ihm hüten. Doch zunächst einmal gilt: keine Angst. Der Schlopp ist nichts anderes als ein Priel im einsamen Osten Norderneys. Er verläuft in Nord-Süd-Richtung – und Achtung, jetzt kommt's: Bei Sturmfluten wird dieses Gebiet komplett überflutet, und der gute alte Schlopp teilt die Insel in zwei Hälften. Dann sollte man sehen, dass man weit genug von ihm entfernt ist.

Bis zur Nachbarinsel ist es übrigens nicht weit. Nur eine schmale Strömungsrinne, ein sogenanntes Seegat, trennt den Norderneyer Wattbesucher an der Stelle von der Insel Baltrum. Seehunde lassen sich aus gebührendem Abstand (es sollten mindestens 300 Meter eingehalten werden) beobachten. Für eine solch anspruchsvolle Inselwanderung, die am Osthellerparkplatz beginnt, sollte man einen ganzen Tag einplanen. Körperliche Fitness ist zur Bewältigung der unbefestigten Wege im unwegsamen Gelände unbedingt erforderlich. Je nach Jahreszeit und Wetterlage sind die Wege teilweise überschwemmt. Und nicht nur der Schlopp stellt eine Herausforderung dar. Immer wieder müssen Wanderer damit rechnen, einen anderen, tieferen Priel durchqueren zu müssen. Insbesondere auf dem Südweg im Bereich des Schlopps muss man bei Flut mit hüfttiefem Wasser rechnen. Der einfachere Weg verläuft am Strand entlang des Flutsaumes, wissen die Experten der Nationalparkverwaltung.

Erfahrene Wattläufer raten: »Laufen Sie zu Ihrer eigenen Sicherheit nie allein ins Watt! Nutzen Sie die Angebote der zertifizierten Nationalpark-Wattführer.« In der Tat. Diese kennen nicht nur die Gefahren wie Gezeiten und Seenebel, sondern auch die vielen kleinen und größeren Bewohner dieser atemberaubend schönen Landschaft, über die man bei einer geführten Wattwanderung Spannendes erfahren kann.

**Adresse** Der Schlopp im Inselosten, 26548 Norderney | **ÖPNV** Linie 4, Haltestelle Ostheller | **Öffnungszeiten** Infos zu Wattwanderungen unter Tel. 04932/2001 | **Tipp** Die Kurverwaltung bietet über das Jahr immer mal wieder Vorträge zu Themen wie Sturmfluten und Küstenschutz. Infos dazu sind der Tagespresse zu entnehmen.

# 85__Der Schmuggler

*Die Kultkneipe in der Siedlung*

Das Thema Seefahrt. Es zieht sich wie ein roter Faden durch das Lokal in der Nordhelmsiedlung östlich der Norderneyer Innenstadt. Der »Schmuggler« steht für maritimes Ambiente, rustikale Gemütlichkeit und Seefahrercharme. Aber woher stammt der Name »Schmuggler«? Neben dem Bezug zum Romanhelden Onnen Visser, dem Schmugglersohn von Norderney, war auch die Nähe zum Zuckerpad (siehe Ort 111), der alten Erzählungen zufolge ein Schmugglerpfad war, Inspiration für die Namensgebung.

Das Team des »Schmuggler« stellt sich auf seiner Homepage als Crew vor: Da gibt es den Steuermann als Restaurantchef, den Smutje in der Küche, die Maate im Service und natürlich den Kapitän. Der Kapitän, das war 45 Jahre lang Hermann Kleimann, ein Urgestein der Norderneyer Gastronomie. Im Februar 2018 trat sein Sohn, Michael Kleinmann, auf die Kapitänsbrücke und damit die Nachfolge des Vaters an. Bis auf den neuen Inhaber und den Namen – der »Schmuggler« hieß bis zum Kapitänswechsel »Old Smuggler« – habe sich nichts geändert, so Michael Kleimann: »Die Crew, die Speisekarte, die Stammgäste an der Theke, alles wie immer.«

Michael Kleimann, übrigens ein ehemaliger niedersächsischer Cocktailmeister, bewirtet etwa 80 Prozent Stammgäste, teilweise in zweiter Generation. Darunter sind Urlaubsgäste, aber auch viele Insulaner.

Der »Schmuggler« ist in der Nordhelmsiedlung Kult. So sehr, dass er seit 1983 seinen eigenen Freizeitclub hat. Der »FC Old Smuggler« kümmert sich zum Beispiel um die Maibaumaufstellung, die Weihnachtsbeleuchtung und die Beflaggung der Nordhelmsiedlung.

Einmal im Jahr treffen sich etwa 20 ehemalige Seeleute zu einem traditionellen Seemannsessen im »Schmuggler«. Dabei gibt es Curry-Huhn mit Beilagen wie Ölsardinen, Rote Beete, Gewürzgurken und Rosinen – alles Zutaten, die besonders haltbar und damit für eine Schiffskombüse geeignet sind.

**Adresse** Birkenweg 24, 26548 Norderney | **ÖPNV** Linie 3, Haltestelle Remmer-Harms-Eck | **Öffnungszeiten** Do–Di 11–14 und 17–24 Uhr | **Tipp** Bei einem Spaziergang durch die Nordhelmsiedlung findet man noch die ursprüngliche dörfliche Struktur dieses früheren Ortsteils. Über einen der Dünenaufgänge ist der Stadtkern auf der Promenade zu Fuß oder mit dem Rad leicht zu erreichen.

# 86__ Schnack an't Klöndör

*Tradition ruht auf Bescheidenheit*

Es gibt doch kaum etwas Schöneres als ein gemütliches Schwätzchen mit dem Nachbarn über den Gartenzaun hinweg. Früher brauchte es dazu keine Zäune, man kam sich einfach näher, indem man vors Haus trat, klopfte und einen Moment wartete, bis sich die Klöntür öffnete. »De Klöndör« ist eine Haustür, die nicht nur als Ganzes, sondern auch nur zur Hälfte zu öffnen ist. Man kann sich auf diese Weise herrlich entspannt auf die Brüstung lehnen und mit dem Nachbarn ins Gespräch kommen, also den »Schnack an't Klöndör« (das Gespräch an der Klöntür) führen.

Eine solche Klöntür gibt es noch am alten Teehaus im Argonnerwäldchen. Hier und im benachbarten Fischerhaus-Museum ist der Heimatverein des Ortes zu Hause, und pflegt das Brauchtum. Und wer sich für die Arbeit und das Leben der alten Fischerfamilien auf Norderney in vergangenen Zeiten interessiert, der kann dort jede Menge interessante Dinge erfahren. Dabei geht es nicht nur um die karge Ausstattung der Wohnungen und die bescheidene Lebensweise der Insulaner, sondern auch um die Gemütlichkeit. Wie bereitete man denn eigentlich fachgerecht den beliebten Ostfriesentee zu? Zur Beantwortung dieser Frage finden auf Norderney sogar Teeseminare statt. Unter dem Motto »Teetied, so geit dat!« (Teezeit, so funktioniert das!) bieten die Mitglieder des Heimatvereins den Sommer über jeden Donnerstag fundierte Nachhilfe in Sachen Teezeremonie. Und wenn das Wetter mitspielt, dann ist die Klöntür natürlich geöffnet. Man weiß ja nie, ob noch jemand auf einen Schnack oder auf eine Tasse Tee vorbeischauen möchte.

Türen solcher Art stammen ursprünglich aus der Land- beziehungsweise Pferdewirtschaft. Bis in die 1950er Jahre befanden sich Wohnraum und Stall manchmal noch unmittelbar nebeneinander. Die Tür wurde oft zur Hälfte geöffnet, damit die Menschen von der Wärme der Tiere profitieren konnten.

**Adresse** Weststrandstraße 1, 26548 Norderney | **ÖPNV** Linie 1, Haltestelle Weststrand/
Kurplatz | **Öffnungszeiten** saisonal unterschiedlich, Infos unter www.heimatverein-
norderney.de | **Tipp** In der Küstenstadt Norden befindet sich das Ostfriesische Tee-
museum (Am Markt 36). Die Mitarbeiter bieten hier einen vorzüglichen Einblick in
die ostfriesische Teekultur.

# 87 Der Schuppen

*Die Seenotretter und ihre »Fürst Bismarck«*

Wer den Begriff »Schuppen« hört, der denkt spontan sicher nicht daran, dass dieser Ort als Synonym für eine markante Vergangenheit stehen könnte. Im Falle des Schuppens am Norderneyer Westbadestrand ist dem allerdings so. Denn der Schuppen, wie die Norderneyer dieses knorrige Gebäude noch heute liebevoll nennen, ist die frühere Seenotrettungsstation der Deutschen Gesellschaft zur Rettung Schiffbrüchiger (DGzRS). 1862 erhielt Norderney seine erste Seenotrettungsstation, kurz nach der Gründung des Vereins zur Rettung Schiffbrüchiger in Ostfriesland. Auf der Insel wurde dazu ein Boot, das von einer zwölfköpfigen Mannschaft gerudert werden musste, stationiert.

Und dann startete mit der Indienststellung der »Fürst Bismarck« die Karriere eines Rettungsruderbootes, das heute noch der absolute Star der Norderneyer Seenotretter ist und dem die Insulaner immer noch höchsten Respekt zollen. Die »Fürst Bismarck« wurde in ebenjenem Schuppen untergebracht und auf einem Pferdewagen gelagert, der bei Alarm ins Meer gezogen wurde: Eine äußerst schweißtreibende Angelegenheit.

Das 9,6 Meter lange Boot ist zweieinhalb Meter breit und war für eine Besatzungsstärke von elf Personen ausgerichtet. Diese entwickelten beim Rudern eine Antriebsleistung zwischen 1 und 1,5 PS. Das aus Stahlblech hergestellte Schiff galt wegen der eingebauten Luftkästen als nahezu unsinkbar. Als es 1913 bei einer Einsatzfahrt beschädigt wurde, musste es nach der vorübergehenden Stationierung eines Reservebootes 1914 durch die »Fürst Bismarck II« ersetzt werden. Die Quellenlage ist jedoch insofern widersprüchlich, als auch von einer Stationierung bis zum Jahr 1927 berichtet wird. Das Boot befindet sich in äußerst gepflegtem Zustand und verbringt seinen verdienten Ruhestand im Schuppen.

Die »richtige«, aktive Seenotrettungsstation der DGzRS befindet sich heute am Hafen.

**Adresse** Am Weststrand 5, 26548 Norderney | **ÖPNV** Linie 1, Haltestelle Weststrand | **Öffnungszeiten** einzelne Aktionen werden in der Tagespresse angekündigt | **Tipp** Sehr angesagte Souvenirs kann man im Seenotrettershop unter www.seenotretter-shop.de erwerben. Damit wird die Arbeit der DGzRS unterstützt.

# 88___ Das Schützenhaus mit »Gästeschießen«

*Auch die Besucher dürfen es mal versuchen*

Nein, es ist nicht so, wie es sich anhört. Inselgäste müssen keinesfalls einen großen Bogen um das Norderneyer Schützenhaus machen. Im Gegenteil, sie sind immer herzlich willkommen. Und das ganz und gar nicht als lebende Zielscheiben. Der Schießsportverein Norderney von 1966 am Karl-Rieger-Weg, gegenüber der alten Meierei, freut sich über Besucher, die ihnen Gesellschaft leisten. Der Verein bietet Gästen regelmäßig unter Anleitung das Sportschießen mit dem Luftgewehr an.

Im Schützenhaus Norderney wird viel Wert auf Vereinsleben, Geselligkeit und Kameradschaft gelegt. Deshalb tragen die Schützen hier in regelmäßigen Abständen Veranstaltungen wie Vereinsmeisterschaften und Pokalschießen mit befreundeten Vereinen aus, und für die Jugend bieten sie spezielle Events wie Sommerfeste, Ostereierschießen oder den Nikolauspokal an. Der Norderneyer Schützenverein, der 2016 sein 50-jähriges Bestehen feierte, hat zurzeit etwa 30 aktive und 100 passive Mitglieder, die ihren Sport auf einer modernen Schießanlage ausüben können. Es stehen zehn Luftgewehr-, zwei Armbrust- und drei Zimmerstutzenstände und ein Pfeil-und-Bogen-Stand zur Verfügung. Für einige Disziplinen können Vereinswaffen ausgeliehen werden. Ansonsten stehen die Mitglieder des Schützenvereins gern beratend zur Seite, wenn es um die Anschaffung und die Handhabung eigener Sportwaffen geht.

Selbstverständlich hat auch der Norderneyer Schießsportverein ein Königshaus, bestehend aus einem Königspaar, dem Kronprinzenpaar und dem Adjutanten. Auch die Vereinsjugend schießt um Königsehren. Das dazugehörige Schießen sowie der Königsball werden jedes Jahr im Oktober und im November veranstaltet.

An den Trainingsabenden am Freitag ab 20 Uhr oder nach Vereinbarung sind schießsportbegeisterte Inselgäste im Norderneyer Schützenhaus zum »Gästeschießen« immer herzlich willkommen.

**Adresse** Karl-Rieger-Weg 1, 26548 Norderney | **ÖPNV** Linie 4, Haltestelle Meierei | **Öffnungszeiten** Gästeschießen Fr ab 20 Uhr und nach Vereinbarung | **Tipp** Jede Menge Breitensportangebote gibt es beim TuS Norderney. Und bei den Heimspielen der Fußballer im Stadion An der Mühle 13 wird auch gern scharf geschossen.

# 89_ Die Seehunde

*Die heimlichen Stars der Innenstadt*

Seit vielen Jahren zieht eine kleine Seehundfamilie die Aufmerksamkeit der Norderneyer City-Besucher auf sich. Auf dem lauschigen Platz zwischen der evangelischen Inselkirche und der Poststraße tummeln sich nämlich »Robby«, »Molly« und »Nordy«, die heimlichen Stars der Innenstadt und längst der Schwarm aller Kinder und Teenies; ja, natürlich auch vieler Erwachsener.

Die lebensgroßen Bronzeskulpturen wurden von dem inzwischen verstorbenen Künstler Peter Lehmann aus Großenkneten von 1981 bis 1983 geschaffen. An Ostern 1983 wurde die kleine Seehundfamilie in Anwesenheit des Künstlers und der Honoratioren der Stadt Norderney auf einer kleinen, sandbankförmigen Erhebung offiziell »in Dienst« gestellt. Seitdem erfreuen die drei knuffigen Kunstwerke Einheimische wie Besucher gleichermaßen und sind zu jeder Jahreszeit immer wieder ein beliebtes Fotomotiv.

Ihre Namen gehen übrigens auf das Ergebnis eines Wettbewerbs zurück, den der damalige Norderneyer Kurdirektor Helmut Hottendorf ausgerufen hatte. Dadurch sollten die »lebensgroßen Gesellen noch liebenswerter auf die Menschen wirken«, hieß es seinerzeit. Man mag es kaum glauben: 232 Vorschläge gingen ein, wobei es keineswegs als Überraschung galt, dass der Familienvater »Robby« heißen sollte. Ob der Name »Molly« für die Mutter mit ihrer ein wenig opulenten Leibesfülle korrespondiert? Könnte durchaus sein.

Wie auch immer. Die Seehundfamilie ist aus dem Norderneyer Stadtzentrum nicht mehr wegzudenken. Außerdem ist längst ein vierter fröhlicher Geselle mit an Bord. Denn regelmäßig begrüßt hier Stadtausrufer Bernd Krüger die Gäste der Insel und teilt ihnen die wichtigsten Neuigkeiten mit. Von den Wetteraussichten über den ärztlichen Notdienst bis hin zu den aktuellen Veranstaltungsterminen. Und nicht nur die Gäste, auch »Robby«, »Molly« und »Nordy« hören stets interessiert zu.

**Adresse** Poststraße, Ecke Kirchstraße, 26548 Norderney | **ÖPNV** Linie 1, Haltestelle Kurplatz | **Tipp** Richtige Seehunde kann man in der Seehundstation in Norddeich, Dörper Weg 24, erleben. Hier werden verwaiste Heuler aufgenommen und wieder aufgepäppelt (Öffnungszeiten Mo–So 10–17 Uhr).

# 90_Die Seemannsohrringe

*Zum letzten Geleit*

Sie sind alles andere als nur ein modisches Accessoire der Insulaner: Die goldenen Seemannsohrringe, die einige Norderneyer Männer noch heute tragen, haben einen ernsten und traditionsreichen Hintergrund. Früher, als die Inselbewohner noch hauptsächlich vom Fischfang und -verkauf lebten, waren die Ohrringe eine Art Sterbeversicherung.

Die tägliche Arbeit auf See war hart und gefährlich, und immer wieder ließen die Seeleute auf dem stürmischen Meer bei Schiffsunglücken oder im Kampf mit Seeräubern ihr Leben. Falls ihre Körper überhaupt geborgen werden konnten, war eine Identifizierung meist schwierig. Dies wurde durch die Ohrringe wesentlich erleichtert: Denn der Goldschmuck ist in Form der Anfangsbuchstaben des Vor- und Nachnamens seines Trägers gefertigt. Außerdem boten die Seemannsohrringe noch einen weiteren Vorteil. Denn so hatten die Angehörigen die Möglichkeit, vom Verkaufswert des Goldes ein christliches Begräbnis für ihren Verstorbenen zu finanzieren. Dies wäre sonst vielen Fischerfamilien, die in eher ärmlichen Verhältnissen auf der Insel lebten, verwehrt geblieben.

Die Fischerkreolen, wie man die inseltypischen Ohrringe auch nennt, zeigen heute vor allem die Verbundenheit ihrer Träger mit der Insel Norderney, aber auch mit dem Meer und der Seefahrt. Mit den Seemannsohrringen bewahren die Männer ein Stück Tradition und ehren die Vergangenheit ihrer Insel als Fischerheimat.

Auf Norderney kann man sich seine persönlichen Fischerkreolen anfertigen lassen. In der Goldschmiede Holtmann in der Jann-Berghaus-Straße werden in präziser Handarbeit Unikate hergestellt. Der Juwelier bietet mehrere Modelle der Kreolen in unterschiedlichen Größen und Schrifttypen an. Von Norderney aus werden die Seemannsohrringe auf Bestellung in die ganze Welt verschickt: Die weiteste Reise machte bisher ein Paar nach Alabama in den USA.

**Adresse** Jann-Berghaus-Straße 10, 26548 Norderney | **ÖPNV** Linie 1, Haltestelle West-strand/Kurplatz | **Öffnungszeiten** Mo–Fr 9.30–13 und 15–18 Uhr, Sa 9.30–13 Uhr | **Tipp** Es gibt zahlreiche hervorragende Fischrestaurants auf Norderney, unter anderem das »Le Pirate«, Winterstraße 12.

# 91___Die Selden Rüst

*Einzige Windmühle auf den Ostfriesischen Inseln*

Die Entstehungsgeschichte der Windmühle »Selden Rüst« auf Norderney ist schnell erzählt: Bereits im 19. Jahrhundert besuchten die Insel jährlich mehr Kur- und Urlaubsgäste, als sie selbst Einwohner hatte. Die Hand- und Pferdemühlen waren bald nicht mehr effizient genug, und der Transport von Mehl vom Festland auf die Insel war aufwendig und kostspielig. Um die Norderneyer Bäcker selbst mit ausreichend Mehl versorgen zu können, erbaute 1862 der Müller Ihbe Lammers Hellmers die Windmühle auf der Insel. Bei gutem Wind konnte »Selden Rüst« täglich etwa fünf Tonnen der auf der Insel angebauten Getreide Weizen, Roggen und Gerste verarbeiten und damit die hungrigen Norderneyer und ihre Gäste versorgen.

»Selden Rüst«, niederdeutsch für »Selten Rast« oder »Selten Ruhe«, steht auf einer flachen Düne, die sich zur Zeit ihrer Erbauung noch im Überflutungsgebiet befand. Heute findet man sie, aufgrund der Ausbreitung der Stadt, östlich des Stadtzentrums in der Nähe der Napoleonschanze (siehe Ort 66) am neuen Kurpark.

Die Mühle ist ein einstöckiger Galerieholländer, auch Holländerwindmühle oder Kappenwindmühle genannt, und somit die modernste Form der klassischen Windmühle. Sie ist als einziges Gebäude auf der Insel mit Reet gedeckt und steht als Bau- und Industriedenkmal unter Denkmalschutz. Das Jahr 1951 war ein schwarzes Jahr für »Selden Rüst«: Erst brach bei einem heftigen Sturm ein Flügel, dann fiel sie einige Monate später nach Reparaturarbeiten einem Brand zum Opfer. Die Norderneyer Feuerwehr konnte damals die völlige Zerstörung gerade noch verhindern.

»Selden Rüst«, wo noch bis 1962 Getreide gemahlen wurde, ist seit 2010 ausgewiesener Standort der »Niedersächsischen Mühlenstraße«. Während der Urlaubssaison wird sie jeden Mittwoch von 10 bis 12 Uhr zu Schauzwecken in Gang gesetzt. Im ausgebauten Erdgeschoss befindet sich ein Gastronomiebetrieb.

**Adresse** Marienstraße 24, 26548 Norderney | **ÖPNV** Linie 2, Haltestelle Mühlenstraße | **Öffnungszeiten** Restaurant und Teestube Do – So 14 – 21 Uhr; mittwochvormittags gibt es was zu sehen: beim »Drehtag« werden die Flügel der Mühle in Bewegung gesetzt. | **Tipp** Wer sich für die Mühlenkultur interessiert, dem gefallen bei einem Tagesausflug aufs Festland sicher auch die Zwillingsmühlen in Greetsiel (Gemeinde Krummhörn).

# 92 __ Der Skulpturenweg
*Bronzefiguren am Kurplatz*

Den Kurplatz vor dem Conversationshaus schmücken seit 2012 ganz besonders Kunstwerke: 15 Bronzefiguren auf Sockeln sind am Wegrand platziert, teils inmitten der Blumen, Hecken und Sträucher. Die Größe der Figuren variiert von 17 Zentimetern bis zu einer fast lebensgroßen, 1,31 Meter hohen Bronzeskulptur. Die Kunstwerke am Kurplatz stammen von den Bildhauern Helmut Bourger sowie Fred und Patrick Gerz aus Montabaur im Westerwald.

Im Atelier Gerz beschäftigt man sich seit über 35 Jahren, mittlerweile schon in zweiter Generation, mit der Gestaltung von Skulpturen. Diese sind laut Künstlern über die verlorene Form in Denkmalbronze gegossen. Das bedeutet, dass man die Form nach dem Guss beim Entfernen von der Skulptur zerstören muss und sie somit nur einmal verwenden kann. Da die Werke der Bildhauer Fred und Patrick Gerz nach der Erstellung des Wachsmodells persönlich retuschiert und signiert wurden, sind es Originale.

Fred Gerz, der durch den 1989 verstorbenen Künstler Helmut Bourger zur Bildhauerei kam, rückt den Menschen in seiner Gestalt und seinem Ausdruck in den Mittelpunkt seiner Arbeiten. Seine Maxime ist, Werte in Form zu bringen. Auf dem Kurplatz Norderney greift er dieses Thema beispielsweise mit der Skulptur »Seit an Seit«, drei etwa 35 Zentimeter großen Bronzefiguren, sowie mit der Figur »Besinnung« und sechs weiteren Werken auf. Sein Sohn, Patrick Gerz, der 2011 die Leitung des väterlichen Ateliers im Westerwald übernahm, erschafft hauptsächlich Skulpturen im Bereich der Naturdarstellungen, zum Beispiel Tiere. So stammt der Hahn auf dem Kurplatz aus seiner Hand. Vom Bildhauer Helmut Bourger befinden sich insgesamt sechs Skulpturen auf dem Kurplatz, unter anderem »Flötenspieler« und »Singender«.

Geplant war ursprünglich, dass die Bronzen nur einige Monate auf Norderney ausgestellt werden. Mittlerweile verschönern sie schon im fünften Jahr den Kurplatz.

Adresse Am Kurplatz, 26548 Norderney | ÖPNV Linie 1, Haltestelle Kurplatz | Tipp
In der Tourist-Info im Conversationshaus ist eine Broschüre mit Preisliste zu den
Skulpturen erhältlich. Darin sind die einzelnen Werke detailliert beschrieben.

# 93__Die Soltau'sche Buchdruckerei

*Ein Hingucker im Wandel der Zeit*

Kaum eine andere Branche in Deutschland ist dem Wandel der Zeit so stark ausgesetzt wie Zeitungen und Druckereien. Kein Wunder, dass auch ein kleines Medienhaus wie die Soltau'sche Buchdruckerei davon betroffen ist. Dabei hat dieses Unternehmen Tradition: Der Unternehmer Diedrich Gerhard Soltau, der in Norden die väterliche Buchbinderei und Buchhandlung sowie eine Kunst- und Musikalienhandlung betrieb, gründete die Druckerei 1867 und erhielt gleichzeitig die Konzession zur Herausgabe einer Zeitung.

Am 2. Juli des gleichen Jahres bereits erschien erstmals der »Ostfriesische Courier«, der bis heute Heimatzeitung und Marktführer in der Stadt Norden und auf dem umliegenden Festland ist. Ein Jahr später erschien die »Norderneyer Bade-Zeitung u. Anzeiger«. Gedruckt wurde sie im Stammhaus in Norden und war zu dieser Zeit die erste und einzige erhältliche Zeitung auf einer Nordseeinsel. Ab 1872 wurde das Blatt nicht mehr auf dem Festland, sondern an wechselnden Standorten auf Norderney gedruckt.

Nach mehreren Standortwechseln auf der Insel wurde 1910 auf dem Grundstück an der Langestraße das Verlags- und Druckereigebäude in Form einer Villa errichtet. Sie ist heute noch ein echter Hingucker. Erdgeschoss und erster Stock beherbergten die Redaktion, Druckerei und Setzerei, während im zweiten Stock eine Wohnung für den Geschäftsführer eingerichtet wurde.

Mittlerweile hat sich viel getan: Der Eigentümer Dieter Soltau verkaufte 2008 die Verlagsrechte und damit die Zeitung an die Zeitungsgruppe Ostfriesland in Leer, die das Blatt 2011 wiederum an den Soltau Kurier Norden (SKN) veräußerte. Die Söhne des Eigentümers haben das denkmalgeschützte Gebäude inzwischen umgebaut, modernisiert und erweitert. Seit Sommer 2015 beherbergt das Haus sieben Ferienwohnungen, zwei Wohnungen für Insulaner sowie einen Friseursalon.

**Adresse** Langestraße 6, 26548 Norderney | **ÖPNV** Linie 2, Haltestelle Langestraße | **Tipp** Wer Lust auf einen kleinen architektonisch interessanten Spaziergang hat, der gelangt von der Langestraße aus leicht in die vielen umliegenden Straßen und Gassen mit interessanten Fassaden und inseltypischen Veranden.

# 94_ Die stählerne Kornweihe

## »Watt Welten« dringen in neue Ökodimension vor

Als größtes und modernstes Nationalpark-Haus auf den Inseln in Deutschland haben die »Watt Welten«, wie der 2015 eingeweihte Ökoneubau heißt, neue Maßstäbe gesetzt. Mit 600 Quadratmetern Ausstellungsfläche plus einer 100 Quadratmeter großen Dachterrasse bieten die »Watt Welten« nach Expertenmeinung eine einzigartige Ausgangsposition, um mit der künftigen Informations- und Umweltbildungsarbeit bei stetig wachsendem Naturinteresse professionell umzugehen. Das heißt: Am Norderneyer Hafen wird Umwelt- und Naturarbeit zum Anfassen geboten, und zwar für alle Altersgruppen.

Ständiger Begleiter in der Ausstellung ist die Symbolart der Insel Norderney, die Kornweihe, deren stählernes Modell auf dem Dach mit Aussichtsplattform schon weithin sichtbar ist. Besonders bei den jüngeren Gästen ist die Wattwelten-Kornweihe die große Attraktion, kann man doch in ihr schaukeln, auf ihr herumklettern und jede Menge Entdeckungen aus der sprichwörtlichen Vogelperspektive machen. Dieser vom Aussterben bedrohte Greifvogel hat eines seiner letzten Brutgebiete auf Norderney. Wie viele Brutpaare es landesweit noch gibt, wie sich Weibchen und Männchen voneinander unterscheiden und vieles mehr erfahren die Besucher in der interaktiven Ausstellung des Erlebnistempels. Insgesamt kostete das Projekt rund 4,5 Millionen Euro.

Das Nationalpark-Haus auf Norderney zeigt allerdings auch, dass das Wattenmeer nicht frei von Konflikten ist. Offshore-Baustellen und Müll stören das sensible ökologische Gleichgewicht. Unter einer dicken Lupe können Besucher Müllpartikel im Sand suchen. An einer anderen Station zeigt ein Geräuschpegel an, bei welchem Dezibelwert die Schmerzgrenze von Schweinswalen erreicht wird, die sich an Offshore-Baustellen verirrt haben. Auch die Folgen der Überfischung einiger Arten werden in der Ausstellung thematisiert.

Adresse Am Hafen 2, 26548 Norderney | ÖPNV Linie 1, Haltestelle Hafen | Öffnungs-zeiten Mo–So 9–18 Uhr | Tipp Nach dem Besuch der »Watt Welten« bietet sich eine Besichtigung des Hafens an. Die Surfschule, das Wassersportzentrum des Seglervereins und der Rettungskreuzer »Bernhard Gruben« (falls er nicht gerade im Einsatz ist) befinden sich praktisch direkt gegenüber und damit ganz in der Nähe.

# 95__Die Sternwarte

*Astrobazillus unter seltsamer Kuppel*

Was ist das für eine Kuppel? Eine Kirche, gar ein Dom? Das silberfarbene Gebäude, mitten in den Dünen beim Inselwahrzeichen »Kap« gelegen, gibt beim ersten Anblick Rätsel auf. Und noch sonderbarer als der Anblick der inseluntypischen Architektur ist die Tatsache, dass dort meistens tagsüber Ruhe herrscht. Wenn sich allerdings der Tag dem Ende neigt und der Sonnenuntergang den Himmel mit seinem Farbenspiel verzaubert, wird es hier lebendig – dann beginnen die Sternfreunde mit ihren Beobachtungen. Und dabei befinden sie sich keineswegs in einem Dom, sondern in der »Wilhelm-Dorenbusch-Sternwarte Norderney«.

Der Astronomische Arbeitskreis Norderney wurde 1992 gegründet. Die Mitglieder möchten astronomisches Wissen verbreiten, Erfahrungen austauschen, öffentliche Vorträge halten, Amateurastronomen beraten und immer wieder neue Anregungen liefern.

Die hochmoderne Ausrüstung wird privat getragen und ständig erweitert. In der Kuppel befindet sich beispielsweise zurzeit eine Skywatcher-EQ8-Montierung. Darauf können diverse hochkarätige Teleskope adaptiert werden. »Schnell infiziert man sich mit dem sogenannten Astrobazillus. Die Symptome sind leicht zu erkennen. Klart der Himmel in der Nacht auf, fühlen sich die Menschen zur Sternwarte hingezogen, wo sie vom Okular der Teleskope magisch angezogen werden. Die Ansteckungsgefahr ist groß, die Besucher der Sternwarte werden sich kaum davor schützen können«, schwärmt Ralf Ulrichs, Vorsitzender des Astronomischen Arbeitskreises.

Die Norderneyer Sternfreunde geben ihre Entdeckungen immer wieder gern einem breiten Publikum und anderen »Sternenguckern« weiter. So gilt ein Besuch der Sternwarte als der Geheimtipp unter Einheimischen und Gästen. Auch angehenden Sternenfreaks steht die Tür (nach Anmeldung) stets offen. In den Vortragsraum passen 20 Personen.

**Adresse** Am Kap 32, 26548 Norderney. Die Sternwarte liegt östlich der Bürgermeister-Willi-Lührs-Straße und ist über einen Schotterweg zu erreichen. | **ÖPNV** Linie 3, Haltestelle Bürgermeister-Willi-Lührs-Straße | **Öffnungszeiten** Führungen März–Nov. Di 20 Uhr; für Kinder ungeeignet; weitere Infos zu Terminen und Besuchen unter Tel. 04932/860265 | **Tipp** In östlicher Richtung mündet das Gelände der Sternwarte ins Ruppertsburger Wäldchen. Dort kann man über leicht hügeliges Gelände einen kleinen Spaziergang genießen.

# 96_Der Strandaufgang Detmold

*Durch die Dünenschneise zum Meer*

Oft ist das Leben eine große Wundertüte, eine faustdicke Überraschung. Auch in diesem Fall: Da wanderst du zum ersten Mal mit deinem Strandgepäck diesen Hügel, pardon, die Düne hinauf. Du weißt zwar, dass es hier geradewegs zum Meer geht, und dennoch bist du am Ende verblüfft von dem Ergebnis, das deine Vorahnung noch übertrifft: Nordsee von oben, so weit das Auge reicht. Ja, der Strandaufgang Detmold, exakt auf der Linie der Lippestraße, sorgt immer wieder für Glanz in den Augen, auch wenn der Atem nach dem kleinen Aufstieg durch den tiefen Sand noch etwas schwer geht.

Für viele ist der Strandabschnitt Detmold, der genau genommen zum Nordbadestrand gehört, ein kleiner Geheimtipp. Denn hier ist es in aller Regel ruhiger als weiter im Westen, dort, wo sich die stadtnahen offiziellen Badestrände befinden.

Seinen Namen verdankt der Strandaufgang Detmold dem Inselquartier »Haus Detmold«, das sich ebenfalls in dieser Dünenkette befindet. Dabei handelt es sich um eine ehemalige Kasernenanlage, die später zum Kinderkurheim wurde und 1964 vom damaligen Landkreis Detmold, der mittlerweile Landkreis Lippe heißt, gekauft wurde. Inzwischen ist aus der Anlage das hochmoderne Jugend- und Gästehaus Detmold geworden; Lippe hin, Lippe her. In dem Freizeitzentrum samt Gruppenhäusern mit Einzel-, Doppel- und Mehrbettzimmern für vier bis acht Personen finden 260 Gäste Platz. Eine große Sporthalle und ein Kunstrasenplatz sind ebenfalls vorhanden sowie der den Gästen vorbehaltene, vorwiegend Schulklassen, eigene bewachte Badestrand direkt hinter den Dünen. Das Freizeitangebot richtet sich ganzjährig insbesondere an Schulen, Vereine und Gruppen. In der Anlage kommen aber auch Familien und Einzelreisende unter. Und auch die genießen den Strandaufgang Detmold, der besonders zur Sonnenuntergangszeit immer wieder zum romantischen Hingucker wird.

**Adresse** Lippestraße 12–15, 26548 Norderney | **ÖPNV** Linie 3, Haltestelle Lippestraße | **Tipp** In südlicher Richtung gelangt man durch die Lippestraße auf das Gewerbegelände. Hier lohnt sich ein kleiner Spaziergang, um sich von der Vielfalt der Norderneyer Handwerks- und Dienstleistungsbetriebe zu überzeugen.

# 97 Der Südstrandpolder

*Natur gewinnt gegen Militärmaschinen*

Der Norderneyer Südstrandpolder ist im Prinzip nichts anderes als ein von Menschen modellierter Naturraum. Aber: Sie haben das gut gemacht, die Menschen, denn dieser Flecken Erde ist wunderschön.

Bei einem Polder handelt es sich um angeschlammtes Marschland, das ringsum von einem Deich umgeben ist. Der Norderneyer Südstrandpolder wurde um 1940 aufgespült, da an dieser Stelle ein Militärflughafen geplant war.

Auch hier also war die Insel in den Fängen nationalsozialistischer Kriegsgelüste. Aber: Zum Bau eines Flughafens kam es nicht mehr, stattdessen wendete sich das Blatt auf wundervolle Art und Weise. Immer mehr Vögel entdeckten das Gebiet als idealen Brut- und Rastplatz. In den 1980er Jahren wurden sodann mehrere Teiche angelegt, die nun die ideale Umgebung für eine Vielzahl von Vögeln darstellen. Im südlichen Bereich richteten Naturschützer sogar eine Vogelbeobachtungshütte ein. Sehr spannend ist es, hier im frühen Herbst oder Frühjahr den Tanz der Stare zu beobachten.

Riesige Schwärme von Staren machen nämlich im Herbst und Frühjahr auf der Insel halt; geschlafen wird im Südstrandpolder, gegessen im Watt. Kurz vor Sonnenuntergang fliegen die Schwärme eine halbe Stunde über die südliche Insel, um das Gebiet zu sondieren und sich dann im Schilf niederzulassen. Die Schwärme mit etwa 50.000 bis 300.000 Vögeln fliegen gewagte Figuren dicht über dem Boden oder hoch in der Luft. Eine atemberaubende Flugshow – wie gut, dass sie von der Natur inszeniert wird und nicht von dröhnenden Militärmaschinen.

Von März bis Oktober führt die Nationalpark-Wacht Norderney vogelkundliche Führungen am Südstrandpolder durch, Start ist an der Vogelbeobachtungshütte am Süddeich. Am Nordostende des Polders können Besucher bei Hochwasser sogar den Großen Brachvogel sichten, der zu den größten Watvögeln zählt.

**Adresse** Polder östlich des Hafenbeckens, Am Hafen, 26548 Norderney | **ÖPNV** Linie 1, Haltestelle Hafen | **Tipp** Auf dem Polder-Wattweg (Weg Nummer 4), der insgesamt 12,5 Kilometer lang ist, lässt sich eine interessante Radtour starten. Man kann auch die kleinere Variante, einfach nur rund um den Südstrandpolder, wählen.

# 98 Die Surfschule

*Trendsport nach strengen Regeln*

Mit dem Trend gehen, aber dabei die Natur schützen? Manchmal muss man eben einen Spagat machen, wenn es darum geht, beide Ziele miteinander zu kombinieren. Aber es funktioniert. Bestes Beispiel auf der Insel: die Surfschule am Yachthafen.

Kitesurfen, auch Lenkdrachensegeln genannt, ist eine relativ junge Trendsportart. Dabei wird man, auf einem kleinen Surfbrett stehend, von einem Lenkdrachen über das Wasser gezogen. Kitesurfen wird in Deutschland immer beliebter. Kein Wunder, dass der Trend auch auf Norderney, der Ostfriesischen Insel mit der größten Surfszene, angekommen ist.

Doch Norderney liegt mitten im Nationalpark Wattenmeer. Und in Nationalparks ist Kitesurfen eigentlich generell verboten. Denn das Wattenmeer ist der Lebensraum vieler geschützter Tierarten, und weil die Gefahr besteht, dass Vögel beim Brüten und Rasten durch die Kiteschirme gestört werden, gelten hier strenge Naturschutzbestimmungen.

Aber: Eine Ausnahmegenehmigung der Nationalparkverwaltung Niedersächsisches Wattenmeer – laut Surfschule ein echtes Entgegenkommen – ermöglicht es den Norderneyer Kitern und ihren Gästen, unter gewissen Auflagen auf der Insel ihrem Sport nachzugehen. Nur von Anfang Mai bis Ende August darf in einem abgegrenzten Bereich zwischen Strandaufgang Nordbad und Strandaufgang Weiße Düne gekitet werden. Außerdem darf nur ein Kitesurfkurs pro Tag abgehalten werden, und es dürfen nie mehr als fünf Schirme gleichzeitig am Himmel sein. Aufgrund dieser strengen Richtlinien kann die Surfschule nur ein kleines Angebot an Kitesurfkursen, hauptsächlich für Einsteiger, zur Verfügung stellen. Und ist somit die kleinste Kitesurfschule Deutschlands.

Die Surfschule bietet auch Kurse im Windsurfen, Wellenreiten und Stand-up-Paddling sowie Kajak-Touren an. Und was das Windsurfen angeht, ist sie sogar die größte Surfschule Deutschlands.

**Adresse** Am Hafen 17, 26548 Norderney | **ÖPNV** Linie 1, Haltestelle Hafen | **Öffnungs-zeiten** 15. März – 15. Okt. Mo – So 9 – 18 Uhr beziehungsweise je nach Licht und Tide 8 – 22 Uhr | **Tipp** Wer auf Norderney atemberaubende Wellenritte sehen möchte, der geht zum Januskopf. Auf Höhe des Surfcafés treffen sich die Freaks bei Wind und Wetter.

# 99___Tante Jens
*Motto: Normal sein kann jeder*

»Ob Geburtstag, Hochzeit oder Scheidung ... Hier wird gefeiert! Was können wir für DICH tun?« Mit diesen Worten wird man auf der Homepage vom King's Club von Tante Jens begrüßt. Tante Jens heißt im wahren Leben Jens Langner, und er ist einer, der ein bisschen aus dem Rahmen fällt, der etwas anders als andere ist. Mit seiner Bar im King's Club in der Osterstraße ist der gebürtige Sylter mittlerweile so etwas wie der heimliche Star des Norderneyer Nachtlebens geworden. Im King's Club greift der Wirt von Zeit zu Zeit auch mal selbst zum Mikrofon. Denn Jens Langner singt für sein Leben gern, liebt schrille Auftritte, bei denen er gern Broadway-Klassiker und Interpretationen von Herbert Grönemeyer zum Besten gibt. Getreu dem Motto »Normal sein kann jeder« mischt er nun seit 2009 die Partyszene der Insel auf.

Darin hat er Übung. Langner, der sich als »Tante, die ein Onkel ist«, bezeichnet, war auch auf Sylt 18 Jahre lang eine feste Größe und ein Paradiesvogel im Insel-Nachtleben. Von Kabarett bis Travestieshow – im King's Club ist immer was los und laut Tante Jens »für jeden was dabei, der eine Portion Humor mitbringt«. Hier treten auch mal prominente Gäste wie Corinna May oder Marion von Richly auf.

Der King's Club von Tante Jens ist mittwochs bis sonntags geöffnet, und zwar mit »open end«. Daher ist er unter anderem bei vielen Mitarbeitern der Norderneyer Gastronomie beliebt, die hier nach Dienstschluss noch feiern können.

Doch abseits von Glitzer, Glamour und Partyleben hat Tante Jens noch eine ganz andere Seite. Regelmäßig reist er in sein Lieblingsland Ghana und engagiert sich bei sozialen Projekten. Unter anderem unterstützt er den dringend notwendigen Aufbau einer Schule in dem westafrikanischen Land. Dazu ruft er auf der Internetseite des King's Club immer wieder erfolgreich zu Spendenaktionen auf.

**Adresse** Osterstraße 6, 26548 Norderney | **ÖPNV** Linie 1, Haltestelle Winterstraße | **Öffnungszeiten** Saison: Mi–So 20 Uhr bis open end; Nebensaison: Mi–Sa 21 Uhr bis open end | **Tipp** Gleich um die Ecke befindet sich die Haifischbar (Osterstraße 6). In der beliebten Kneipe wird ebenfalls gern gefeiert.

# 100_ Der Thalasso-Galgen
*Insulare Wortschöpfungen im Zeichen der Gesundheit*

An den für viele Zeitgenossen durchaus gewöhnungsbedürftig gestalteten Thalasso-Plattformen scheiden sich auf Norderney nach wie vor die Geister. Dennoch gehören die teils groben Zankereien über die auf schick getrimmten Ausgucke mittlerweile der Vergangenheit an, und die Wellen, die 2014 zunächst tüchtig hochschwappten, haben sich längst gelegt. Doch einigen Insulanern und Gästen ist zumindest der moderne Ausguck am Waldweg immer noch ein Dorn im Auge. Kein Wunder, dass im Zuge der öffentlichen Debatte die berühmte insulare Wortschöpfungsmaschinerie in Gang geriet und als Topbegriff in Anlehnung an die kranförmige Architektur die Bezeichnung »Bürgermeister-Galgen« ausspuckte. Denn schließlich stand auch der Norderneyer Rathauschef dem insbesondere optisch ehrgeizigen Projekt durchaus positiv gegenüber. Das Gros der Gegner hat sich indes diplomatisch auf »Thalasso-Galgen« verständigt. Neben der Plattform am Nordstrand gibt es übrigens weitere am Zuckerpad und am Dünensender.

90.000 Euro hat die exquisite Aussichtsplattform in den Dünen am Nordbadestrand gekostet. Sie soll mit dazu beitragen, die Insel zum europäischen Thalasso-Hotspot zu machen (daher auch der Thalasso-Zusatz im Namen). Gerade deshalb loben die Marketingexperten des Staatsbads nach wie vor nicht nur die Lage direkt am Nordbadestrand, sondern auch die Tatsache, dass sie schon von Weitem gut zu sehen ist.

Noch kurz vor der offiziellen Eröffnung im Sommer 2015 spaltete die Umgestaltung der Plattformen die Gemüter. Die Dünen würden regelrecht »entstellt«, schimpften einige Insulaner. Die neuen Bauwerke seien »nicht nur hässlich«, sondern auch »völlig unpassend zur Umgebung«.

Natürlich förderten Umfragen in den lokalen Gazetten auch andere Meinungen zutage: »Einfach toll.« Und: »Die Informationstafeln sind raffiniert und informativ und der Weg leicht hochzulaufen.«

**Adresse** Ecke Emsstraße / Waldweg, 26548 Norderney | **ÖPNV** Linie 3, Haltestelle Waldweg | **Tipp** Die Meeresbrise hautnah erleben: In Sachen Thalasso gibt es zahlreiche Gehstrecken unterschiedlicher Länge von 1,3 bis 13,5 Kilometer. Für den Hin- oder Rückweg kann teilweise der NC- oder Linienbus genommen werden. Infos unter www.norderney.de.

# 101 Der Tierfriedhof

*Zwischen Ruhestätte und Touristenziel*

Eine kleine Düne erhebt sich außerhalb der Stadt. Es ist ruhig am Rande der einzigen Straße, die in den Inselosten führt. Man hört nur das Meer, die Schreie einiger Möwen und den Wind, unter dem sich der Strandhafer biegt. Eingerahmt von einem kleinen Zaun, heben sich vom Dünenbewuchs Holzkreuze und Grabsteine ab. Vielen sieht man an, dass sie Regen und Wind schon einige Zeit ausgesetzt sind, doch die Gräber sind mit Blumen, Kuscheltieren, Bildern und Kerzen liebevoll geschmückt. Die »Hundedüne« ist der Tierfriedhof der Stadt Norderney.

Auf dem kleinen Erdwall am Karl-Rieger-Weg finden Kleintiere wie Hunde, Katzen, Vögel oder Hamster ihre letzte Ruhestätte. Nicht offiziell erlaubt, aber geduldet ist dieses Ritual, wobei es auf dem Tierfriedhof keine Gestaltungsvorschriften und keine Friedhofssatzung gibt. Kostenlos und ganz nach der eigenen Vorstellung vom Grab für den tierischen Freund können die Besitzer ihre Lieblinge beerdigen. Die einzige Bedingung ist, dass das Grab mit einer ausreichend starken Erdschicht bedeckt sein muss.

Der Friedhof hat eine für Tierfreunde schaurige Vergangenheit. Was heute angesichts des Tierbeseitigungsgesetzes unvorstellbar ist, war bis in die 1970er Jahre ganz normal: Die Düne wurde als Pferdefriedhof genutzt. Mit dem Rückgang der Landwirtschaft und der Einführung der Gesetze zur Kadaverbeseitigung wurde die Anlage 1975 geschlossen. Zwölf Jahre blieb sie ungenutzt, bis sie 1987 zum Friedhof für die verstorbenen Norderneyer Kleintiere wurde.

Die einsame Düne mit ihren dekorierten Gräbern zieht Besucher in ihren Bann. Mittlerweile trifft man nicht selten Urlaubsgäste auf der Hundedüne an, die fasziniert sind von der etwas unheimlichen und dennoch friedvollen Atmosphäre dieses Ortes. Sogar die Haustiere einiger Inselgäste haben ihre letzte Ruhestätte auf Norderney gefunden.

**Adresse** am Karl-Rieger-Weg, 26548 Norderney | **ÖPNV** Linie 3, Haltestelle Meierei | **Tipp** Von hier aus einfach weiter in den Osten Norderneys. Kurz vor dem Flugplatz führt ein verträumter Weg in das kleine Erlenwäldchen.

# 102_ Der Tonnenhof

*Bunte Riesen am Hafen*

Sie sind mit das Erste, das man bei der Ankunft im Norderneyer Hafen am südwestlichen Ende der Insel sieht: die Tonnen. Mit ihrer beachtlichen Größe und den grellen Farben fallen sie sofort auf, und das ist Sinn und Zweck, denn die Tonnen dienen, wenn sie nicht gerade im Hafen von Norderney liegen, als Schifffahrtszeichen.

Die bis zu acht Meter langen und bis zu drei Meter dicken Riesen gehören zu den schwimmenden Seezeichen, die, im Gegensatz zu den festen Zeichen wie Leuchtturm oder Bake, flexibel einsetzbar sind.

Sie werden mit speziellen Schiffen, den Tonnenlegern, in den Fahrwasserrinnen ausgelegt und mit einem schweren Steinquader und einer Eisenkette am Meeresgrund verankert. Im Hafen von Norderney, im Tonnenhof, werden die Tonnen in speziellen Gestellen gelagert, wenn sie repariert oder neu gestrichen werden müssen. Der Tonnenhof ist eine Außenstelle des Wasserstraßen- und Schifffahrtsamts (WSA) Emden, das für den Betrieb der Bundeswasserstraßen und somit der Seezeichen zuständig ist.

Früher, zu Zeiten der ersten schwimmenden Schifffahrtszeichen, wäre ein Tonnenhof kein so spektakulärer Anblick gewesen: Die ersten Tonnen waren lediglich Fässer aus Eichenholz, verstärkt mit Eisenringen, zur Konservierung mit Teer oder Pech gestrichen. Sie ergänzten damals die ersten festen Seezeichen, die Baken, die anfänglich auch nur aus Steinhaufen oder Holzgerüsten bestanden.

Heute gibt es viele verschiedene Arten von Tonnen: Kugel-, Spitz- oder Spierentonnen, befeuerte und unbefeuerte, gas- oder solarbetriebene Tonnen. Seit 1982 gilt ein weltweit einheitliches System, das Schiffen zur Positionsbestimmung, Warnung vor Hindernissen und zur Einhaltung der Fahrwasser dient.

Die beeindruckenden leuchtend grünen, roten oder gelben Riesen am Hafen von Norderney, die im Tonnenhof auf ihre Bearbeitung warten, sind ein beliebtes Fotomotiv.

**Adresse** Am Hafen 3, 26548 Norderney | **ÖPNV** Linie 1, Haltestelle Hafen | **Tipp** Auf dem Hafengelände gibt es keine Langeweile. Hier lässt sich das An- und Ablegen der Frisia-Fähren ebenso gut beobachten wie das geschäftige Kommen und Gehen der vielen Passagiere am und im Hafengebäude.

# 103  Das Trimborn-Haus
*Vom Mediziner zum Maler und Musiker*

Meilensteine in Sachen Kunst und Kultur hat auf Norderney Hans Trimborn gesetzt. Er wurde 1891 in der Nähe von Bad Godesberg geboren und begann schon während seiner Schulzeit zu malen. Schnell geriet er in erlauchte Gesellschaft. Denn mit den »Rheinischen Expressionisten« wie Paul Adolf Seehaus und August Macke machte er früh Bekanntschaft.

Trimborn setzte seinen Schwerpunkt zunächst jenseits der Malerei: Nach der Schulzeit studierte er Medizin und ehelichte 1919 eine Konzertpianistin. Anschließend gab er seinen Beruf als Arzt auf, um sich nun ganz der bildenden Kunst und der Musik zu widmen. Der Mediziner spielte Klavier, Klarinette und Saxofon.

Trimborn lebte zwischen 1919 und 1939 in der Wilhelmstraße 12 auf Norderney. Hier machte er sich rasch einen Namen als engagierter Künstler. Im Norderneyer Symphonieorchester wirkte er als Solist. Außerdem kümmerte er sich um den musikalischen Rahmen im Stummfilmkino und unterhielt die Gäste in etlichen Bars und Restaurants mit flotter Tanzmusik. Mit seinem Freund, dem Bildhauer Bernhard Hoetger, gründete Trimborn zudem das Lokal »Kigbimud«. Dieser Begriff steht als Synonym für »Kunst ist Geist bewegt in Meer und Dünen«. Später wurde daraus das »Café Worpswede«.

Neben einigen Ölgemälden hinterließ er ein umfangreiches grafisches Werk. Dieses bestand zum größten Teil aus Zeichnungen. In der Chronik der Insel Norderney heißt es: »Während seiner Norderneyer Jahre entstanden zahlreiche Seebilder, die von Kurgästen gern gekauft wurden. Seine Bilder lassen sich nicht eindeutig bestimmten Stilströmungen zuweisen, in der Bandbreite seiner Themen wies er ein großes Spektrum auf.«

1939 verließ Trimborn Norderney. Im Oktober 1979 starb der Künstler in Norden. An seinem ehemaligen Wohnhaus auf Norderney ist eine Tafel angebracht, die an den Künstler erinnert.

In diesem Haus
lebte und wirkte
der bekannte
Kunstmaler

*Hans Trimborn*

» von 1919 bis 1939 «

**Adresse** Wilhelmstraße 12, 26548 Norderney | **ÖPNV** Linie 1, Haltestelle Weststrand |
**Öffnungszeiten** nur von außen zu besichtigen | **Tipp** Im Bademuseum am Weststrand
befindet sich eine Galerie mit zahlreichen Werken Trimborns.

# 104 Die Villa Felicitas

*Ein Haus zum Glücklichsein*

Weltgewandte Architektur, gediegenes Publikum: Wie bauten Norderneyer, die etwas auf sich hielten, zu Beginn des 19. Jahrhunderts? Die klare Antwort hat der ehemalige Stadtbaumeister Jann Saathoff gegeben: »Weiß und klassizistisch.« Denn: In den Gründerjahren habe sich ein Baustil etabliert, den man als »Historismus preußischer Prägung« bezeichnet habe. Als Vorbilder hätten vor allem die antiken Baustile der Römer und Griechen mit einfachen geometrischen Formen und teils opulenten Säulen gedient.

Ab 1900 etwa wurden die klassischen Bauformen durch den Jugendstil mit seinen Flächendekorationen und Ornamenten abgelöst. Zahlreiche Beispiele dafür finden sich nach wie vor auf Norderney. Zu den Schmuckstücken des Jugendstils zählt die Villa Felicitas. Zwischen 1906 und 1908 wurde das Haus gebaut. Natürlich hatte es gleich prominente Verehrer.

Der wohl bekannteste war Reichskanzler Bernhard von Bülow (1849–1929). Er ernannte die Villa Felicitas, also das Haus zum Glücklichsein, zu seiner Gästeresidenz. Während das Staatsoberhaupt selbst im nahe liegenden Hotel Belvedere nächtigte, brachte er seine Freunde und Gäste in der Villa Felicitas unter. Prominente Besucher aus den einflussreichsten Flügeln des politischen Berlin erholten sich in dem schmucken Haus am Damenpfad. Das Gästebuch aus dieser Zeit ist übrigens noch vorhanden und führt den Beweis für die erlauchte Gesellschaft.

Nach den Veränderungen des Ersten Weltkriegs wurde das Haus im aufstrebenden Seebad Norderney als Gästehaus von der Familie Schneider aus Düsseldorf betrieben. Während des Zweiten Weltkriegs stand es weitgehend leer, da der Bäderbetrieb in der Seefestung Norderney untersagt war. Seit 1947 betreibt die Familie Dehns das Haus, zunächst als gepachteten Pensionsbetrieb, seit 1956 als Eigentum der Familie und ab 1967 als Haus mit Ferienwohnungen. Derzeit stehen 22 Betten in sieben Wohnungen zur Verfügung.

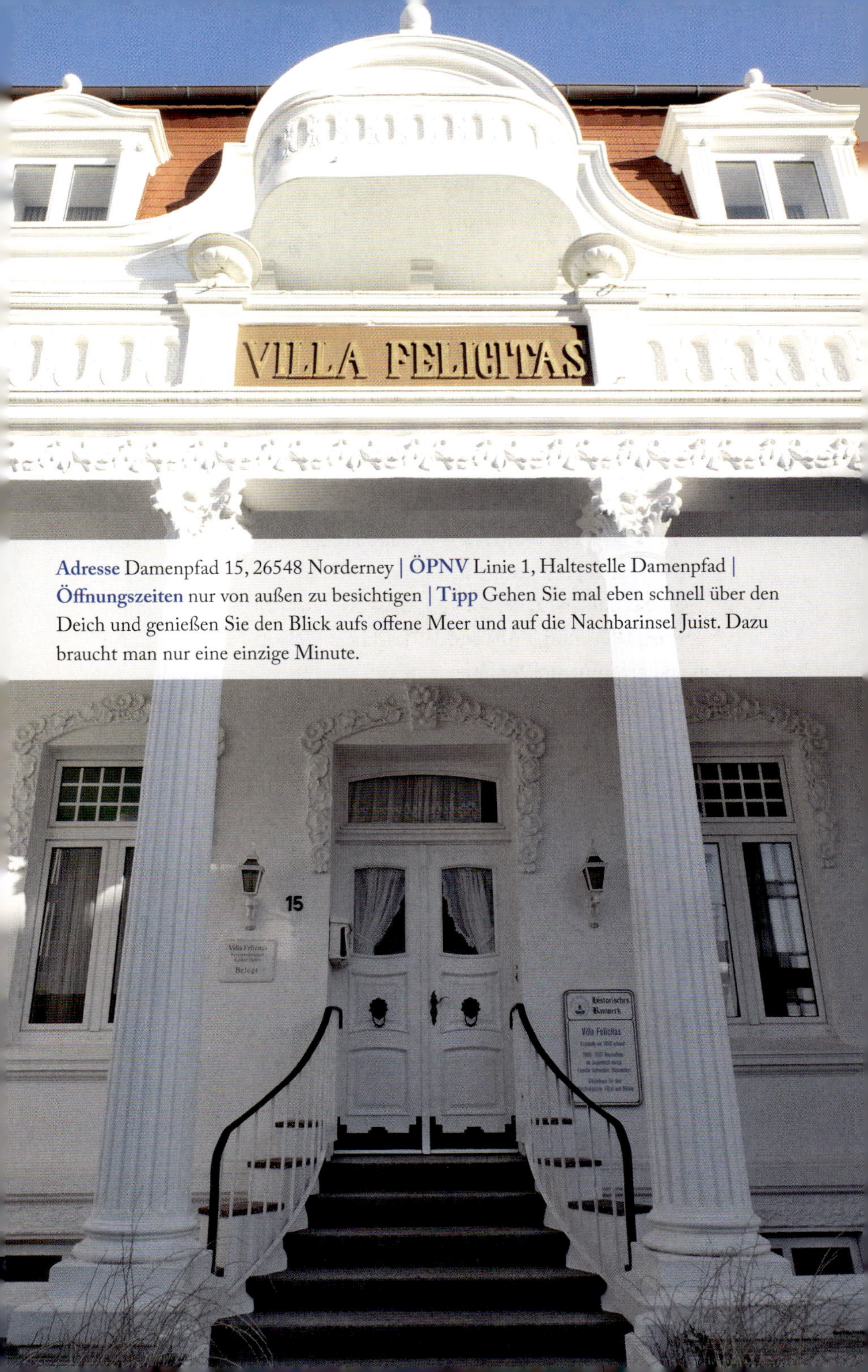

**VILLA FELICITAS**

**Adresse** Damenpfad 15, 26548 Norderney | **ÖPNV** Linie 1, Haltestelle Damenpfad | **Öffnungszeiten** nur von außen zu besichtigen | **Tipp** Gehen Sie mal eben schnell über den Deich und genießen Sie den Blick aufs offene Meer und auf die Nachbarinsel Juist. Dazu braucht man nur eine einzige Minute.

# 105__Die Walter-Großmann-Düne

*Höher als Norderney kommt kein Nachbar*

Spieglein, Spieglein an der Wand, welche ist die höchste im Ostfriesenland? Auch in Sachen Dünenhöhen redet Norderney ein entscheidendes Wörtchen mit. Denn natürlich ist es auch und besonders für eine Insel schön, wenn sie sich mit einem knackigen Superlativ schmücken darf. Norderney liegt da insgesamt durchaus gut im Rennen, und wenn es nach dem Motto »Höher, schneller, weiter« um Alleinstellungsmerkmale geht, hat in diesem Fall sogar die Natur tüchtig mitgeholfen. Der höchste natürliche Punkt der Insel und gleichzeitig der gesamten ostfriesischen Inselkette ist nämlich die nach dem aus Norden stammenden Vermessungsingenieur Walter Großmann benannte Düne.

Bei der Walter-Großmann-Düne handelt es sich um eine Erhebung unweit der berühmten Weißen Düne, deren Umfeld durch den Ostbadestrand und das beliebte gleichnamige Ausflugslokal geprägt wird. Der Sandhügel, schon für Mittelgebirgler – geschweige denn für einen gestandenen Alpinisten – eher ein milder Anlass zum Schmunzeln, verfügt über eine Höhe von exakt 24,4 Metern über dem Meeresspiegel. Der Hüne unter den Dünen ist damit zugleich der höchstgelegene Punkt in ganz Ostfriesland.

Die Insel Norderney selbst ist derweil durchschnittlich drei bis fünf Meter hoch. Auf einigen der höheren Dünen, die zwischen zehn und 20 Meter über dem Meeresspiegel liegen, wurden in den vergangenen Jahren Aussichtsplattformen, zum Teil mit Informationstafeln zur Insel und dem Nationalpark Wattenmeer, eingerichtet. Einige der markanten Dünen haben im Laufe der Zeit Namen erhalten, wie zum Beispiel die Georgshöhe (20 Meter), die Marienhöhe (11,5 Meter) oder die Möwendüne (elf Meter). Da soll noch einer sagen, Norderney sei nichts für Freizeitalpinisten …

**Adresse** Parkplatz Weiße Düne, Weiße Düne 1, 26548 Norderney | **ÖPNV** Linie 5, Haltestelle Weiße Düne | **Tipp** Legen Sie einfach mal einen kompletten Ruhetag am Strand ein. Dort wird im Sommer zusätzlich Strandmassage durch ausgebildete Bademeister der Kurverwaltung angeboten.

# 106_Der Wasserturm

*Einem anderen gar nicht zum Verwechseln ähnlich*

Die Fähre hat Norddeich noch gar nicht richtig verlassen, da fällt er schon gleich ins Auge: der Norderneyer Wasserturm. Das Interessante: Gäste, die zum ersten Mal zur Insel fahren, verwechseln das 42 Meter hohe Gebäude zunächst oft mit dem Leuchtturm, der sich ein paar Kilometer weiter östlich im Morgendunst meist noch eine Weile im Verborgenen hält. Fakt ist aber: Der Wasserturm von Norderney dient nicht nur der Wasserversorgung, sondern er stellt auch eine höchst interessante Landmarke dar. Außerdem: Seit er 2010 saniert wurde, wird er bei Dunkelheit in blaues LED-Licht getaucht. Anders präsentiert er sich nur während der Weihnachtszeit. Dann hüllt ihn rotes Licht ein, während auf der Spitze ein Lichterkranz erstrahlt und dem Gesamtwerk damit das Aussehen einer Kerze verliehen wird.

Der Wasserturm wurde 1930 in Betrieb genommen. Noch heute dient er als Trinkwasserreservoir und Druckausgleichsbehälter. »Sein Bau wurde erforderlich, um genügend Wasserdruck zu erzeugen«, bringen die Experten seine Funktion auf den Punkt. Unterhalb der Aussichtsetage befindet sich übrigens der Wasserbehälter mit einem Fassungsvermögen von satten 500.000 Litern.

Auch auf den Inseln ist Trinkwasser natürlich ein kostbares Gut. Doch diesbezüglich befindet Norderney sich in einer glücklichen Lage. Die Insel besitzt nämlich einen natürlichen Süßwasserspeicher im Sediment tief unter der Erde. Diese linsenförmige Wasserblase wird durch Niederschläge gespeist. Über Über Tief- und Flachbrunnen wird das Wasser entnommen, gereinigt, gefiltert und schließlich im Wasserturm gespeichert.

Der Wasserturm thront auf dem Betriebsgelände der Wirtschaftsbetriebe an der Jann-Berghaus-Straße. Grundsätzlich ist der Wasserhüne nur von der Straße aus anzusehen. Gruppen ist jedoch nach vorheriger Absprache und Anmeldung ein Besuch möglich (www.stadtwerke-norderney.de).

**Adresse** Jann-Berghaus-Straße 34 | **ÖPNV** Linie 2, Haltestelle Am Wasserturm | **Tipp**
Auf dem Turm ist eine interaktive Webcam installiert. Der Nutzer kann fest eingestellte
Punkte wählen (Seglerhafen, Café Cornelius, Windmühle, Sternwarte, Leuchtturm, Kur-
platz) oder frei heranzoomen (www.norderney.de/webcams).

# 107__Die Weiße Düne

*Vom Naturbad zum Hipster-Eldorado*

Szenig, chillig und absolut in. Mit Blick auf die Weiße Düne überschlagen sich die Nordsee-Touristiker regelrecht vor Lobeshymnen. Und ein Bericht über Norderney ohne Erwähnung des nach der wohlgeformten Inseldüne am Oststrand Norderneys benannten Restaurants? »Undenkbar!«, findet die Kurverwaltung und setzt noch eins drauf: Die Weiße Düne sei mittlerweile zum »Hipster-Eldorado« Norderneys aufgestiegen. Wow!

Gewiss jedoch befindet sich dieser Begriff an der absoluten Obergrenze dessen, was dieser wunderschöne Ausflugsort verträgt, finden sich doch in der überwiegenden Mehrzahl nach wie vor erholungssuchende Badegäste hier ein, die die Mischung aus Abgeschiedenheit und moderner Gastlichkeit schätzen. Fakt ist allerdings: Seit rund zehn Jahren befindet sich die Weiße Düne mit Restaurant, Shop und angesagter Gastronomie mit Topspeisekarte auf der Überholspur.

Vom Norderneyer Stadtkern aus sind es etwa fünf Kilometer bis zum Ostbadestrand Weiße Düne. Er bietet tatsächlich weißen Sand, so weit das Auge reicht. Der Sand an diesem sich als Naturstrand darstellenden östlichen Strandabschnitt zeigt sich zudem sehr gepflegt und fein. Bei einer Breite von bis zu 900 Metern geht der Strand allmählich in die Abgeschiedenheit des Norderneyer Inselostens über. Viele Einheimische und Gäste wissen gerade diese Tatsache zu schätzen und tauchen am Feierabend noch eben zum Bad in die Nordsee ab, um anschließend – gewiss sehr »chillig« – den Sonnenuntergang zu genießen.

Wer einen kompletten Strandtag an der Weißen Düne verbringen möchte, für den hat das Staatsbad-Management noch eine ganz besondere Offerte parat: das sogenannte Thalasso-Open-Air-Angebot. Direkt am Strand der Weißen Düne werden in einem abgeteilten Bereich nahe den Umkleide-Badekarren im Sommer spontan zu buchende Strandmassagen angeboten. Und die können alle Strandbesucher nutzen. Nicht nur Hipster!

**Adresse** Weiße Düne 1, 26548 Norderney | **ÖPNV** Linie 5, Haltestelle Weiße Düne |
**Tipp** Zur Weißen Düne gelangt man auch mit der »Bömmelbahn« (Ausflugskleinbahn).
Abfahrt am Rosengarten / Stadtmitte. Fahrzeit knapp zwei Stunden.

# 108__Die Wellenmaschine
### Modernste Technik im Seewasser-Wellenbad

»Nach rund 15-monatiger Bauzeit steht das eindrucksvolle Gebäude fertig da, und in seinem Innern arbeitet ein von Menschenhirn ersonnenes System, das man mit dem eines menschlichen Organismus, mit dem Herzen als Zentrale, vergleichen kann: Ein Wunder menschlicher Technik und Arbeit!« So beschreibt ein Redakteur der Norderneyer Badezeitung 1931 das neue Seewasser-Wellenbad auf Norderney. Das damals einzige Schwimmbad dieser Art in ganz Europa konnte tatsächlich mit einer hochmodernen Technik aufwarten. Mit Hilfe zweier Pumpen und Saugleitungen wurde Seewasser aus dem Meer am Weststrand zum Bad befördert, gefiltert, erwärmt und in die Becken gefüllt. Außerdem außergewöhnlich: die Wellenmaschine. Die Konstruktion eines Düsseldorfer Ingenieurs bestand aus einem Motor mit 90 Pferdestärken, den Antriebs- und Übersetzungsvorrichtungen und zwei großen Schwenkkörpern. Mit dieser Maschine konnten Wellen von bis zu 1,80 Meter erzeugt werden.

Mit dem Bau des Pfingsten 1931 feierlich eingeweihten Seewasser-Wellenbads waren große Hoffnungen und Erwartungen verbunden. Der damals um seine Existenz kämpfende Norderneyer Tourismus sollte neuen Aufwind bekommen. Und tatsächlich war, in Anbetracht der heutigen touristischen Situation der Insel, die Errichtung des Bades ein bedeutendes Ereignis in der Geschichte des Staatsbads Norderney. Schon in den 1930er Jahren war die positive Wirkung von Salzwasser und Seeluft auf die Gesundheit bekannt, und ein ganzjährig benutzbares Seebad wurde als wichtiger Faktor für die Therapie von Kranken und Erholungsbedürftigen angesehen. Das Wellenbad wurde, 57 Jahre nach seiner Eröffnung, durch Um- und Ausbaumaßnahmen 1988 zum Erlebnis- und Freizeitbad »Die Welle« und 2005 zum heutigen Badehaus.

Die Wellenmaschine des ehemaligen Norderneyer Seewasser-Wellenbads steht heute vor dem Gebäude des Bademuseums am Weststrand.

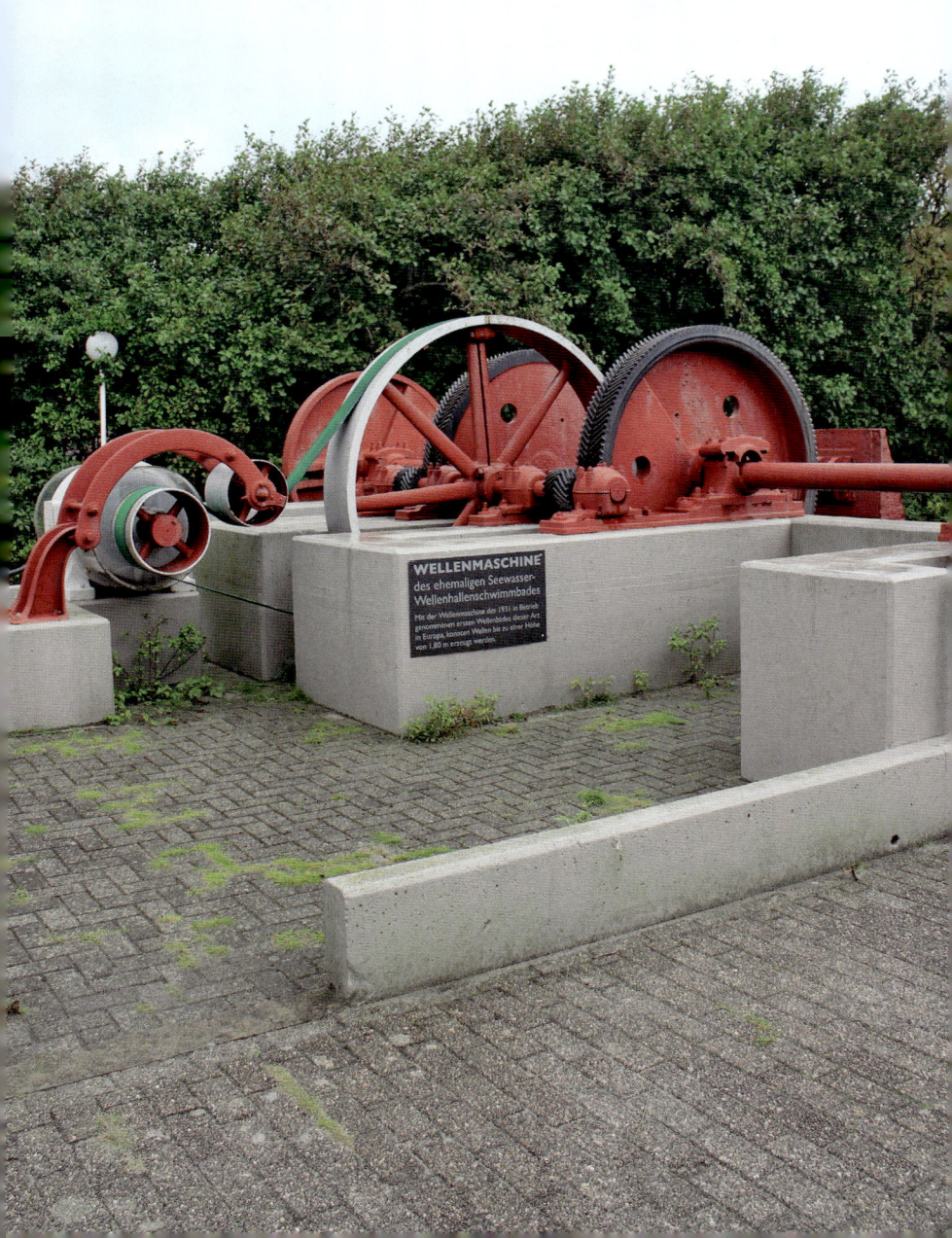

# 109__Die Wetterwarte
*Klimaforschung im Dünental*

Ein Nachmittag im Oktober am Weststrand von Norderney. Die Lufttemperatur beträgt 10,1 Grad Celsius, die Luftfeuchtigkeit 76 Prozent. Der Wind weht mit 22 Kilometern pro Stunde aus Ost bis Nordost, die Wassertemperatur beträgt zwölf Grad Celsius, mit leichtem Regen ist zu rechnen.

Die Wetterwarte auf Norderney, unterhalten vom Deutschen Wetterdienst (DWD), liefert seit 1947 Daten zur Wetter- und Klimabeobachtung. Nachdem sie ihren Sitz zunächst in der ehemaligen militärischen Funkstation auf der Georgshöhe hatte, zog sie 1981 in das Dünental zwischen den Restaurants Cornelius und Surfcafé um.

Die Beobachtungsstation Norderney ist einer von acht Standorten des DWD in Deutschland, an dem vollautomatische Wetterballonanlagen installiert sind. Jeden Tag, jeweils um 12.45 Uhr, schickt die Wetterwarte einen Messballon in die Luft. Dabei handelt es sich um einen mit Helium befüllten Ballon, der bis zu 35 Kilometer hoch steigt. Die Hülle des Ballons platzt und gibt schließlich einen kleinen Sender frei, der an einem Fallschirm wieder zu Boden segelt. So werden täglich bis zu sechs Stunden lang Daten rund ums Wetter zur Station auf der Insel gesendet.

In einem Glaskasten vor der Wetterwarte am Januskopf werden täglich aktuelle Wetterdaten veröffentlicht, darunter Windrichtung und -geschwindigkeit sowie Monatsdiagramme zu Luftwärme, Niederschlägen und Sonnenscheindauer. Außerdem kann man einen aktuellen Bäderwetterbericht mit Infos zu Luft- und Wassertemperatur, Wind, Wetterlage des jeweiligen Tages und den weiteren Aussichten sehen.

Besonders interessant sind die Topwerte der jeweiligen Messkategorien im Monatsvergleich, für die seit 1930 gesammelte Daten ausgewertet wurden. So war beispielsweise der bisher sonnenscheinreichste Oktober der im Jahr 1951, und die bisher tiefste im Oktober gemessene Lufttemperatur betrug 1931 minus 3,4 Grad Celsius.

**Adresse** Am Januskopf, 26548 Norderney | **ÖPNV** Linie 1, Haltestelle Georgshöhe |
**Öffnungszeiten** nur von außen zu besichtigen (Infotafel) | **Tipp** Besucher, die gern ihren
Drachen aufsteigen lassen möchten, finden auf Norderney einige Möglichkeiten. Allerdings
gilt es, die Hinweise der Kurverwaltung (Tourist-Info im Conversationshaus) zu befolgen.

# 110_Das Wrack
*Heimliches Wahrzeichen an der Ostspitze*

Über die Jahre immer wieder von Besuchern bemalt und beschriftet, je nach Witterung mal fast komplett eingesandet, mal in einer Wasserlache, liegt der rostige Schiffsrumpf schräg zur Seite geneigt im Sand des Inselostens. Das Wrack am äußersten Ende von Norderney ist im Laufe der Jahre zum heimlichen Wahrzeichen der Insel geworden. Vor fast 50 Jahren hat es hier seinen letzten Liegeplatz gefunden. Dabei war es ursprünglich ein anderes Schiff, das auf Norderney strandete …

Im Dezember 1967 war der Heringslogger »Ministerialrat Streil« auf dem Weg von Glückstadt nach Emden. In einem schweren Sturm strandete er am Ostzipfel Norderneys. Während die Besatzung in letzter Sekunde von einem Langeooger Rettungsschiff übernommen werden konnte, trieb der Heringslogger immer weiter auf den Strand auf. Beim Versuch, einige Wochen später eine Fahrrinne auszuheben und den havarierten Logger freizuziehen, geriet die Crew des Bensersieler Muschelsaugers »Capella« selbst in Not. Die Strömung schüttete die Rinne hinter dem Muschelsauger wieder zu, erneut kam ein Sturm auf, und die »Capella« trieb so weit auf die Sandbank auf, dass nun auch sie nach Ablaufen des Wassers festsaß. Die beiden Seeleute des Bergers mussten sich erfolglos zu Fuß auf den Rückweg machen. Im Februar des darauffolgenden Jahres gelang es schließlich einem Bergungsschlepper, den Heringslogger zu befreien, die »Capella« hingegen saß aussichtslos, weil zu weit entfernt vom Fahrwasser, fest.

Das Wrack ist nur zu Fuß vom Parkplatz Ostheller aus erreichbar. Wer bereit ist, den etwa zwei- bis dreistündigen Fußmarsch auf sich zu nehmen, wird dafür definitiv belohnt. Nicht nur die Wanderung selbst durch die unberührte Dünenlandschaft ist ein Erlebnis, das seinesgleichen sucht. Auch der Anblick des rostigen Wracks mit seiner glücklosen Geschichte und der Blick auf Baltrum sind die Anstrengung wert.

**Adresse** Ostspitze, 26548 Norderney | **ÖPNV** Linie 4, HaltestelleOstheller | **Tipp** Die AG Reederei Norden-Frisia bietet ab dem Hafengelände Fahrten von Norderney nach Baltrum an. Informationen dazu unter Tel. 04932/9131313.

# 111 Der Zuckerpad

*Thalasso-Plattform mit Schmugglervergangenheit*

Der Name Zuckerpad (plattdeutsch für Zuckerpfad) stammt, wie vieles auf Norderney, aus der Zeit der napoleonischen Fremdherrschaft. Während der Kontinentalsperre ab 1806, mit der Napoleon den Handel zwischen dem Festland und Großbritannien verhindern wollte, waren zahlreiche Schmuggler zwischen Helgoland und den Ostfriesischen Inseln aktiv. Dabei versuchten sie nach ihrer Ankunft auf Norderney, die Waren an der Wachstation Napoleonschanze vorbei über die Insel und durch das Watt zum Festland zu transportieren oder zunächst auf der Insel, versteckt in den Dünen, zu deponieren. Bei den Schmugglerwaren handelte es sich wohl häufig um Zucker, und so bekam der Dünenweg seinen Namen.

Der mehr als zwei Kilometer lange Pfad durch die Dünenlandschaft im Inselosten wird heute als Zuwegung zu einer von drei »Thalasso-Plattformen« auf Norderney genutzt. Neben der Plattform am Zuckerpad gibt es eine weitere am Nordstrand und eine am Dünensender. Die Plattformen sind in erster Linie Aussichtspunkte. Den Zusatz »Thalasso« (von altgriechisch thálassa = Meer) verdienen sie sich durch den Bezug zu Meeresluft, Sand, Schlick, Algen und Meerwasser, denen man eine heilende Wirkung zuschreibt.

Bei der Neugestaltung des Zuckerpads und der Aussichtsplattform im Jahr 2015 wurde besonders auf eine behindertengerechte Gestaltung geachtet, damit auch Rollstuhlfahrer – mit, zugegeben, kräftiger Begleitung – die Plattform erreichen können. Von der etwa 20 Quadratmeter großen hölzernen Plattform hat man einen spektakulären Ausblick auf die Nordsee und die Dünenlandschaft und kann sich auf den gemütlichen Sitzelementen die frische Meeresluft um die Nase wehen lassen. Allein wegen der tollen Aussicht lohnt sich ein Spaziergang zur Plattform am Zuckerpad. Aber ganz nach dem Motto »Der Weg ist das Ziel« bietet schon der Aufstieg zur Plattform lehrreiche Beschilderungen mit Informationen zum Weltnaturerbe Wattenmeer und zum Thema Thalasso.

**Adresse** Höhe Lippestraße / Strandaufgang Detmold, 26548 Norderney | **ÖPNV** Linie 3, Haltestelle Lippestraße | **Tipp** Heutzutage kann man sich seinen Zucker auf ganz legale Weise beschaffen. Beispielsweise im Norderneyer Zuckerhuus, Strandstraße 17. Vor allem die Lebkuchenherzen sind ein beliebtes süßes Mitbringsel.

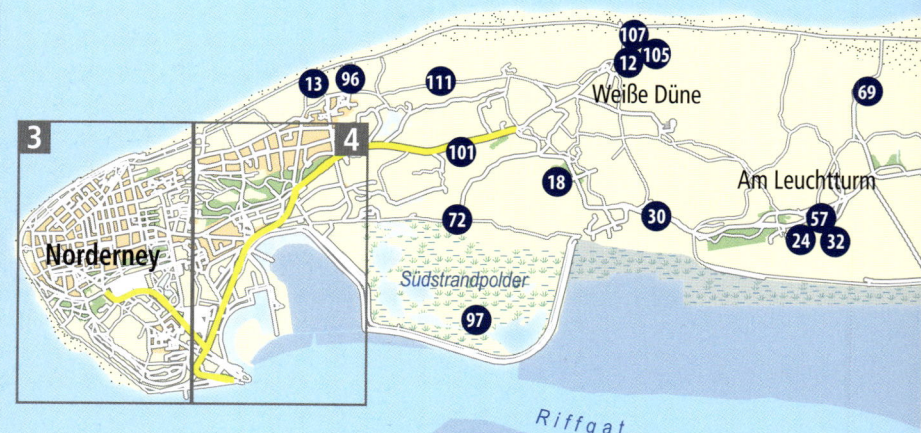

**1**

**3**

**4**

*N o r d e r n e y*

107
12  105

13  96

111

Weiße Düne

69

101

Norderney

18

Am Leuchtturm

72

30

57

24  32

*Südstrandpolder*

97

*R i f f g a t*

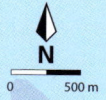

N

0    500 m

## 2

Nordstrand

Möwendüne

Rattendüne

110

64

71

74

84

Norderneyer Inselwatt

Neßmer Watt

Neßmersiel

Hagermarsch

N

0          500 m

**3**

NORDERNEY

Kaiserstraße
Moltkestraße
Bismarck-straße
Knyphausenstraße
Winterstraße
Friedrichstraße
Herrenpfad
Jann-Berghaus-Straße
Gartenstraße
Bülowallee
Luisenstraße
Marienstraße
Mühlenstraße
Weststrandstraße
Hafenstraße

N

0    100 m

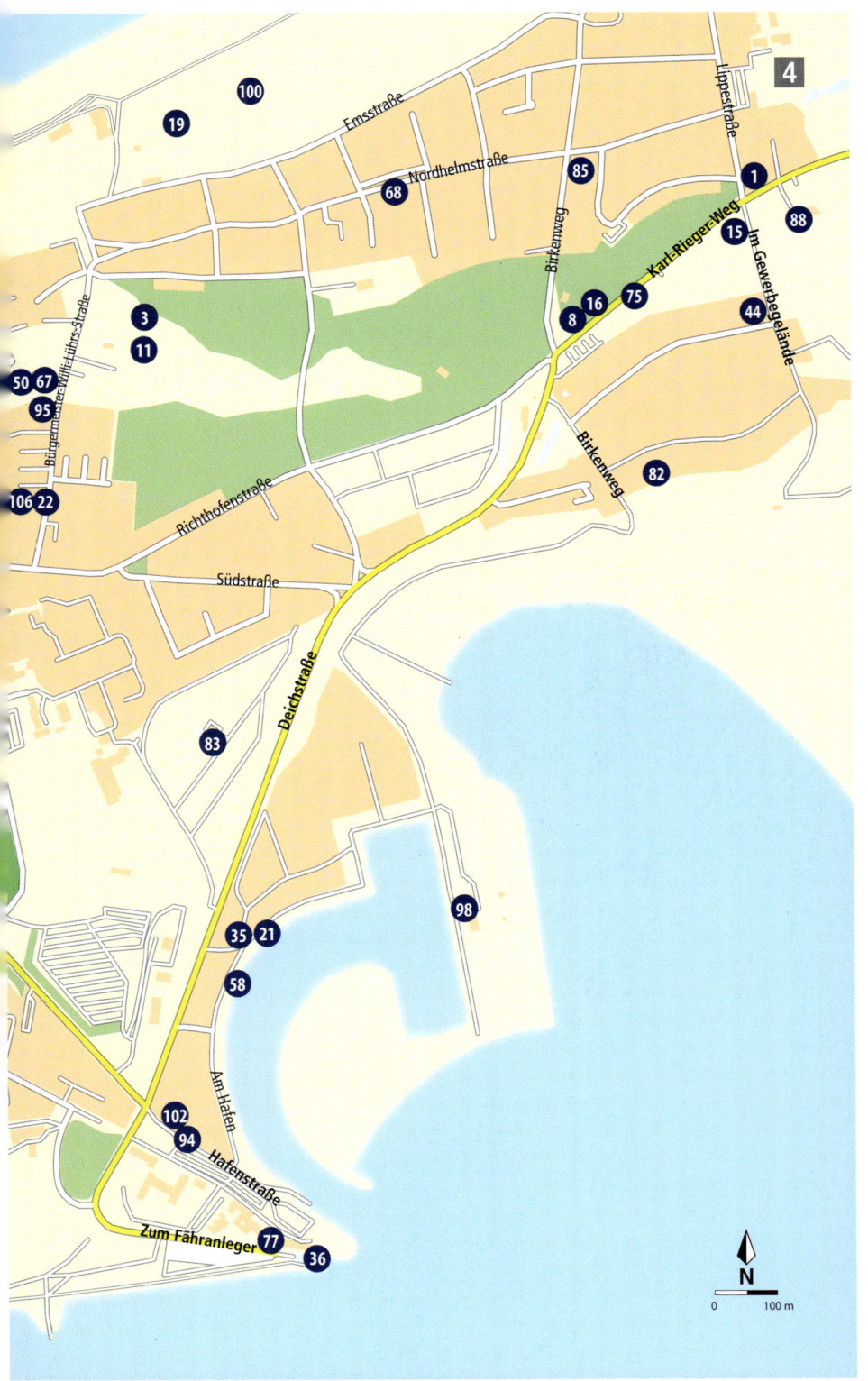

Dorothee Fleischmann,
Carolina Kalvelage
**111 Orte in Budapest, die
man gesehen haben muss**
ISBN 978-3-95451-744-2

Andrea Livnat
**111 Orte in Tel Aviv, die
man gesehen haben muss**
ISBN 978-3-95451-703-9

Beate C. Kirchner
**111 Orte in Rio de Janeiro, die
man gesehen haben muss**
ISBN 978-3-95451-843-2

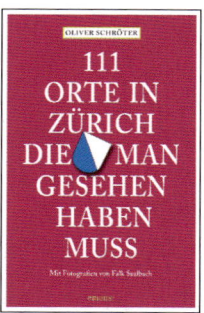

Oliver Schröter, Falk Saalbach
**111 Orte in Zürich, die man
gesehen haben muss**
ISBN 978-3-95451-538-7

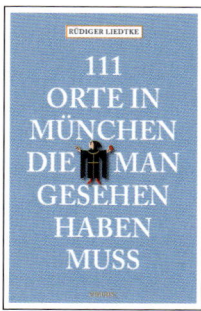

Rüdiger Liedtke
**111 Orte in München, die
man gesehen haben muss**
ISBN 978-3-89705-892-7

Giulia Castelli Gattinara,
Mario Verin
**111 Orte in Mailand, die
man gesehen haben muss**
ISBN 978-3-95451-617-9

Cornelia Ziegler
**111 Orte auf Kreta, die
man gesehen haben muss**
ISBN 978-3-95451-540-0

Dorothee Fleischmann,
Carolina Kalvelage
**111 Orte an der Costa Brava,
die man gesehen haben muss**
ISBN 978-3-95451-561-5

Jo-Anne Elikann
**111 Orte in New York, die
man gesehen haben muss**
ISBN 978-3-95451-512-7

Sina Beerwald
**111 Orte auf Sylt, die man gesehen haben muss**
ISBN 978-3-95451-511-0

Frank McNally
**111 Orte in Dublin, die man gesehen haben muss**
ISBN 978-3-95451-853-1

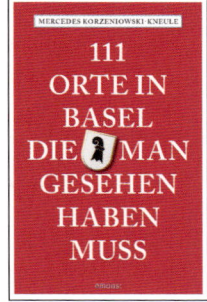

Mercedes Korzeniowski-Kneule
**111 Orte in Basel, die man gesehen haben muss**
ISBN 978-3-95451-702-2

Gerd Wolfgang Sievers
**111 Orte in Venedig, die man gesehen haben muss**
ISBN 978-3-95451-352-9

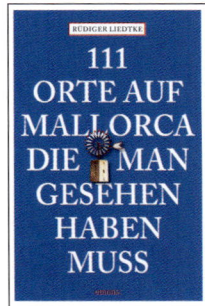

Rüdiger Liedtke
**111 Orte auf Mallorca, die man gesehen haben muss**
ISBN 978-3-89705-975-7

Bernd Imgrund
**111 Kölner Orte, die man gesehen haben muss**
Band 1
ISBN 978-3-89705-618-3

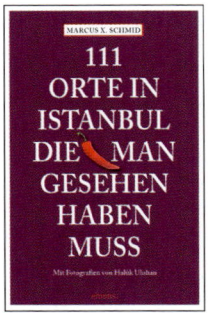

Marcus X. Schmid
**111 Orte in Istanbul, die man gesehen haben muss**
ISBN 978-3-95451-333-8

Christiane Bröcker, Babette Schröder
**111 Orte in Stockholm, die man gesehen haben muss**
ISBN 978-3-95451-203-4

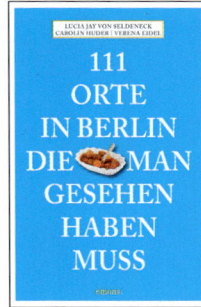

Lucia Jay von Seldeneck, Verena Eidel, Carolin Huder
**111 Orte in Berlin, die man gesehen haben muss**
ISBN 978-3-89705-853-8

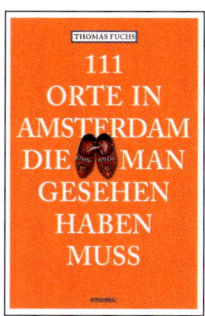

Thomas Fuchs
**111 Orte in Amsterdam, die
man gesehen haben muss**
ISBN 978-3-95451-209-6

Annett Klingner
**111 Orte in Rom, die man
gesehen haben muss**
ISBN 978-3-95451-219-5

John Sykes
**111 Orte in London, die
man gesehen haben muss**
ISBN 978-3-95451-117-4

Rike Wolf
**111 Orte in Hamburg, die
man gesehen haben muss**
ISBN 978-3-89705-916-0

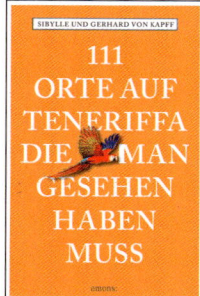

Sibylle von Kapff,
Gerhard von Kapff
**111 Orte auf Teneriffa, die
man gesehen haben muss**
ISBN 978-3-95451-916-3

Kathrin Bielfeldt,
Raymond Wong
**111 Orte in Hongkong, die
man gesehen haben muss**
ISBN 978-3-95451-914-9

Stefan Spath
**111 Orte in Salzburg, die
man gesehen haben muss**
ISBN 978-3-95451-114-3

Matěj Černý,
Marie Peřinová
**111 Orte in Prag, die man
gesehen haben muss**
ISBN 978-3-95451-927-9

Peter Eickhoff
**111 Orte in Wien, die man
gesehen haben muss**
ISBN 978-3-89705-969-6